一本专"治"不听话的孩子，
帮助父母解决亲子沟通问题的指导书。

# 6~12岁，孩子不听话怎么办

孩子太听话，未必是好事；
孩子不听话，一定有原因。

陈楠华 ◎ 著

中国纺织出版社
国家一级出版社
全国百佳图书出版单位

## 内容提要

6~12岁，是孩子处于小学阶段的年龄。在这个过程中，孩子身心都会得到快速发育和成长。随着自主意识的增强，他们的心理会渐渐远离父母，继而爱上跟父母对着干。面对不听话的孩子，父母都会焦急万分。其实，孩子之所以不听话也是有原因的，只要掌握正确的亲子沟通方式，孩子就会接受你。

本书从查找孩子不听话的心理原因开始，介绍了大量跟孩子沟通的技巧和方法。书中案例典型，语言朴实，是家长们不可多得的借鉴宝典。

## 图书在版编目（CIP）数据

6~12岁，孩子不听话怎么办 / 陈楠华著. —北京：中国纺织出版社，2018.9（2019.5重印）
ISBN 978-7-5180-5116-8

Ⅰ.①6… Ⅱ.①陈… Ⅲ.①少年儿童—家庭教育 Ⅳ.①G782

中国版本图书馆CIP数据核字（2018）第120170号

---

责任编辑：江　飞　　　　责任印制：储志伟

中国纺织出版社出版发行
地址：北京市朝阳区百子湾东里A407号楼　邮政编码：100124
销售电话：010—67004422　传真：010—87155801
http：//www.c-textilep.com
E-mail：faxing@c-textilep.com
中国纺织出版社天猫旗舰店
官方微博http://weibo.com/2119887771
三河市宏盛印务有限公司印刷　各地新华书店经销
2018年9月第1版　2019年5月第2次印刷
开本：710×1000　1/16　印张：13
字数：131千字　定价：39.80元

凡购本书，如有缺页、倒页、脱页，由本社图书营销中心调换

# 前言

说到孩子的"不听话",相信家长都有同感。本来是为了孩子好,可是孩子却不吃你那一套,甚至还会觉得你在故意为难他。有些妈妈觉得委屈、纠结,甚至还会偷偷掉眼泪。其实,孩子们不听话,也是有原因的。只要家长从孩子的心理特点出发,考虑到孩子的个性特征,完全可以找到让孩子听话的好方法。

我曾遇到过这样的一个孩子:

柳柳,12岁,曾经是个乖巧的女孩子,让家长很省心。可自从上了小学三年级后,柳柳的性格来了个180度大转弯:妈妈让她写作业,她就看电视;妈妈让她帮忙做家务,她却直接拒绝;妈妈不让她跟小区经常逃课的孩子在一起玩,她却整天跟他们泡在一起;妈妈不让她上网,她就逃课去网吧玩游戏……柳柳变了以后,成绩也一落千丈。

面对不听话的柳柳,妈妈只能板着脸批评,但收效甚微。无奈之下,妈妈动了手,结果柳柳的反抗情绪逐渐升级,竟然开始跟妈妈大吼大叫。

孩子不听话、逆反,目前已经成为家长最头疼的问题。父母们都期望自己的孩子听话、懂事,可往往事与愿违。现在的孩子大多数都是独生子女,生活条件优越,被父母、爷爷奶奶、姥姥姥爷捧在手心,是家中的"小皇帝"。所以他们想做什么就做什么,既不用管事情的对错,也很少考虑身边人的感受。他们任性、叛逆、以自我为中心、脾气大……为了改变孩子的行为，有的家长会苦口婆心地开导，有的家长会板着脸教训，有的家长提倡"棍棒"教育……可是，无论采用哪种方式，没过多长时间，家长就会败下阵来，因为这些"不听话的孩子"根本不吃这一套。

难道面对不听话的孩子，就无计可施了？正所谓治病就要抓住根本，教育孩子亦是如此。孩子不听话，家长在教育时，必须要弄明白孩子为什么不听话，只有找到了原因，才能对症下药。

本书从孩子的心理入手，分析了他们不听话的原因，并针对品格培养、习惯养成、亲子沟通等问题做了详细解读。书中案例典型，分析得当，方法详细，内容全面，是家长不可多得的借鉴宝典。

教育孩子是一场修行，愿本书能给家长们一些启发，给孩子们一些机会，让彼此都能在教育中看到不一样的天地。

陈楠华

2018 年 5 月

## 第一部分　孩子老是不听话，具体原因细细道来

### 第一章　从心理行为入手，挖掘孩子不听话的原因　/ 002

"不要动上面的东西！"
——孩子不听话是探索欲望在作怪　/ 002

"说多少遍了，不要动电源插头！"
——缺乏危险意识，孩子也会不听话　/ 006

"玩一会儿，怎么弄了一身土？"
——制止孩子玩游戏，他怎么会听你的　/ 009

"怎么老是坚持不了半小时？"
——孩子不是不听话，而是注意力不集中　/ 013

"当着客人的面，我都不好意思说你！"
——丢了面子，孩子就会跟你对着干　/ 016

"不要冲动，不要冲动！"
——孩子自制力弱，就会显得有点不听话　/ 020

"怎么老不叠被子？"

　　——孩子依赖心理强，就会不听妈妈的嘱咐 / 026

"怎么总是不老实？"

　　——孩子精力充沛，安静下来不容易 / 030

# 第二部分　科学育儿，培养孩子好品格和好习惯

## 第二章　让孩子养成良好的生活习惯，不用管教孩子也能听进去 / 036

"让你早起半小时锻炼一下，就是不听。"

　　——培养孩子锻炼身体的习惯 / 036

"跟你说多少次了，不能挑食！"

　　——从具体方法入手引导孩子正常用餐 / 040

"几天没洗脚了？"

　　——耐心培养孩子养成好的卫生习惯 / 043

"我就没见你扫过地！"

　　——让孩子养成良好的劳动习惯 / 047

"怎么老是磨磨蹭蹭的。"

　　——增强孩子的时间观念不拖拉 / 051

"都11点了，还不睡！"

　　——让孩子养成良好的睡眠习惯 / 054

"压岁钱这么快就花完了？"

　　——引导孩子学会理财 / 058

## 第三章　培养孩子的规则意识，少些训斥孩子也会照样听　/ 061

"不遵守交通规则会堵车，大家都走不了！"

　　——让孩子体会不讲规则的危害　/ 061

"咱们一起制订生活表吧！"

　　——和孩子一起制订一份规则表　/ 065

"刚制订的规则，就违反！"

　　——制订了规则要严格执行　/ 068

"昨天睡晚了，扣除一朵小红花！"

　　——孩子违反规则要惩罚　/ 072

"今天是周末，可以吃点零食。"

　　——遵守规则也要灵活一点　/ 075

"只给老人让了座，怎么不扶一把？"

　　——改善孩子的行为，但不追求完美　/ 079

## 第四章　鼓励孩子培养良好的学习习惯，不打不骂孩子依然听　/ 083

"你怎么上课老是不注意听讲？"

　　——引导孩子提高听课效率　/ 083

"做作业怎么老是拖拖拉拉的！"

　　——让孩子将做作业当作一种乐趣　/ 087

"学累了，就出去玩一会。"

　　——鼓励孩子劳逸结合　/ 091

"跟老师对着干，对你没好处！"

　　——让孩子从老师的角度思考问题　/ 095

"你怎么能作弊！"

　　——引导孩子考出自己的真实水平　/ 098

"语文成绩怎么老是这么差！"

　　——积极引导孩子各科均衡发展　/ 102

"今天怎么又逃学！"

　　——让孩子爱上学校不逃课　/ 105

## 第五章　培养孩子良好的品格习惯，少操点心孩子也懂事　/ 109

"你居然把我的话当耳旁风！"

　　——积极引导并培养孩子的责任感　/ 109

"昨天刚答应的今天就不算数了？"

　　——从细节入手引导孩子讲诚信　/ 113

"这么自私谁愿意和你玩！"

　　——耐心疏导让孩子学会分享　/ 116

"你真是太骄傲了！"

　　——选择合适的方式引导孩子谦虚待人　/ 120

"不能吹牛！要多看到人家好的地方。"

　　——教孩子学会欣赏别人　/ 124

"你怎么一点同情心都没有？"

　　——努力培养孩子的同情心　/ 127

"与其妒忌同学，倒不如努力超过他！"

　　——引导孩子树立正确的竞争意识　/ 131

"我看你就是得了'红眼病'！"

　　——消除孩子妒忌别人的"红眼病"　/ 135

# 第三部分　想让孩子听话，健康的亲子沟通方式很重要

## 第六章　更新教育观念，孩子才会愿意听　/ 140

"在这一点上，妈妈做得不对！"
——身体力行重视榜样的力量　/ 140

"没有经过我的允许，怎么能随便动我的东西？"
——尊重孩子，孩子才会尊重你　/ 145

"记住，大人和孩子都是平等的！"
——要想孩子听话，平等交流是前提　/ 149

"这件事不是你的错！"
——站在孩子的角度处理问题很容易　/ 153

"我们都是爱你的！"
——多一份关爱孩子才愿意说　/ 157

"你这道题的解题思路真奇特！"
——赏识孩子让孩子获得成就感　/ 161

"你觉得哪种方式最好？"
——给孩子选择的权利　/ 165

## 第七章　掌握沟通技巧，孩子更加乐意听　/ 170

"想想看，故事的结尾会怎样？"
——多启发让孩子的小聪明转化成智慧　/ 170

"记住，这件事就是你做得不对！"
——使用"告诫"的方法成就孩子　/ 175

"这件事情我不能答应你!"

　　——对孩子的无理要求懂得说"不"　/ 178

"星期天带你的好朋友来家里玩吧!"

　　——善待孩子的朋友孩子才会张开嘴　/ 181

"回房间好好想想。"

　　——冷静处理让孩子认识到自己的错误　/ 185

"想想姥姥也挺不容易的!"

　　——和孩子讲讲自己小时候的故事　/ 187

"跟爸爸说说,究竟是怎么回事?"

　　——以疏导为主,不要强迫孩子　/ 191

"真是气死我了!"

　　——和孩子沟通千万不要带情绪　/ 194

# 第一部分

## 孩子老是不听话,具体原因细细道来

孩子不听话,并不是无缘无故,而是有原因的,如探索欲强烈、缺少安全意识、注意力不集中、面子丢失、自制力弱、依赖心强、精力充沛等。因此,要想解决孩子的不听话问题,就要先了解不听话的原因,之后才能对症下药,找到解决问题的方法。

# 第一章 从心理行为入手，挖掘孩子不听话的原因

> 6~12岁的孩子都有自己的心理特点，如：喜欢探索，欲望强烈；缺乏安全意识，意识不到危险；喜欢玩游戏，任何小东西都可以拿来玩；注意力不集中，没有办法长时间将注意力集中在某件事情上；爱面子，喜欢他人的称赞，讨厌批评；自制力弱，不懂控制自己；依赖心强，很多事情都需要大人帮忙……了解孩子的年龄特点，家长才能找到解决问题的方法。

## "不要动上面的东西！"
## ——孩子不听话是探索欲望在作怪

探索力是孩子智慧的发源地，是促进孩子潜能发展的源动力，更是孩子卓越发展的根本。家长对孩子过于保护，不让他们探索，担心他们受伤，才是真正伤害孩子的行为。要知道，孩子的每一次尝试，都会有所收获；每一次产生的探索欲望，都是因为遇到了感兴趣的东西。

小晓是一年级的小女孩，她不像其他女孩那样喜欢洋娃娃或蝴蝶

结，而是喜欢拆装各种东西。不论是家里的玩具，还是小闹钟、电视遥控器等都被小晓拆过。对于简单的玩具，拆装过后她还能按照原样重新装回去，但是结构复杂的物品，拆完后就安装不上了。

小晓的爱好让家长感到很高兴，他们认为孩子具有探索精神。但同时，他们也十分担忧，拆装各种东西也是在破坏物品。家长希望小晓不要拆家里比较重要的物品，如遥控器、闹钟等，可小晓并没有将家长的话放在心上，只要她在兴头上，想拆什么就拆什么。

小晓生日时，爸爸送给她一台英语点读机。小晓十分高兴，在爸爸的指导下练习使用。开始的那段时间，小晓对点读机感到很好奇，感觉很新鲜，学了不少单词，爸爸感到很开心。但是好景不长，在好奇心的驱使下，小晓还是忍不住拆开了点读机。她找来螺丝刀，抠下电池，打开后盖，拆下了小喇叭及电路板，最后把液晶屏幕也拆了，一部点读机就这样被小晓拆得七零八落……

妈妈看到后，大声呵斥道："你在干什么！"小晓被吓了一跳，不小心又将电路板上的一根电线扯断了……这下子，点读机完全坏了。

好好的东西，被孩子弄坏，有些家长会很生气，甚至还会骂孩子一顿。孩子吓得胆战心惊，大人气得大喊大叫。其实，孩子之所以喜欢拆装东西，也是一种正常的心理需要。

孩子喜欢拆装东西仅仅是想弄清楚玩具、小电器等是如何工作的，是如何发出有趣声音的……在拆装的过程中，他们可以了解很多知识。大多数情况下，孩子并不会想到把这些东西拆开后会产生怎样的后果。

在探索的过程中，孩子不仅会找到答案，获得知识与快乐，还能锻炼动手能力及思维能力，激发自身内在潜力，这对他们的成长很有意义。对孩子的探索天性，家长要多加引导，让孩子在每次的探索中学习经验、强化自己，而不是将孩子的天性扼杀掉。

研究发现：从两三岁开始，孩子就会喜欢上拆装各种玩具及其他物品，一直到6~12岁还会"劣性"不改。每个孩子都有探索的天性，对这个世界充满了好奇及探索的渴望，只不过有些孩子表现得比较明显、强烈，有些孩子表现得不太明显。调查还发现：男孩探索的天性会表现得更加淋漓尽致一些，而女孩探索的天性则表现得相对"委婉含蓄"一些，尤其是对6~12岁的孩子来说，这种对比更加鲜明。

◆ **从态度上支持孩子，从情感上鼓励孩子**

"乖孙子，你怎么爬那么高，快下来，别摔着了！"当孩子爬到高处时，奶奶会突然出现，奔走疾呼，神情紧张。

"多脏啊，快出来！"当孩子正在跟同学踢足球时，妈妈看到他脏兮兮的样子，非要把他拉出来。

……

其实，家长的这些行为都是不对的！家长是孩子关系最亲密的人，所做的任何行为都在向孩子传达一种情感、态度及对事物的认识。比如家长认为攀爬是一件特别危险的事，可能会让孩子变得胆小，不愿意去尝试具有冒险性的活动。而踢球是一项体育活动，虽然会出一身汗，衣服弄得脏兮兮的，但如果孩子不跟同学玩，身体就无法得到锻炼，无法培养兴趣，甚至会无法形成良好的同学关系。加上家长的过度保护，孩子很可能无法获得成就感，更无法建立自信。

"孩子需要鼓励犹如植物需要水分",这是著名心理学家鲁道夫·德雷克斯的一句名言。孩子有着极强的探索欲,家长要给予支持和鼓励,坚决不能拉孩子的后腿,不管是在态度上,还是在情感上,都要支持和鼓励孩子。

◆ **满足孩子探索欲望,并告知孩子注意事项**

6~12岁的孩子有着很强的探索欲望,看到新奇的东西,就想上去摸一摸、看一看;遇到搞不明白的地方,就要去实验……为了保护孩子的这种天性,家长要适时引导孩子,尽可能满足孩子的探索欲望,例如,孩子喜欢拆装玩具,家长可以将家中一些能拆解的玩具、废弃的小电器等拿给孩子拆解或与孩子一起组装、复原等;如果孩子看到某些花很漂亮,就可以给孩子种一些;如果孩子想知道饭是如何做熟的,就可以让他学着做做饭。当然,家长要在一旁指导,告诉孩子需要注意什么。

在探索的过程中,孩子会经历很多挫折。家长要提前告诉孩子:失败并不可怕,失败只是为了更好的成功。即使孩子当时无法理解,家长也要给孩子一种心理暗示,让他们明白失败不要紧,总结经验更重要。例如搭积木歪倒了,要引导孩子思考积木倒掉的原因,让孩子再搭一次,同时还要多鼓励,少批评,不要总是以家长的姿态来指挥孩子,让孩子按照自己的意思来做事。

## "说多少遍了，不要动电源插头！"
## ——缺乏危险意识，孩子也会不听话

有的家长从孩子出生开始就把孩子的大小事全包在自己身上，当起了孩子的"免费保姆"，让孩子接受最好的教育。然而，家长们经常会忽视对孩子进行自我保护意识的教育和引导。

日常生活中，到处都存在着很多安全隐患，家长稍微不小心，孩子就可能受到伤害。因此，如果想让孩子听话，就要提高和引导孩子的危险意识。

小凯刚上小学一年级，他平时调皮捣蛋，看到什么都想上手，安全意识一点都不强。但他好奇心很强，经常会在家里翻出一些稀奇古怪的东西。

有一段时间，小凯对墙上的电源插座表现出极大的兴趣，经常会用手去触摸电源插座上的"小黑洞"，幸亏妈妈及时发现，制止了他。为了防止儿子再次触摸到插头，妈妈将所有的闲置电源插座全都封上，并一再告诉儿子："千万不要用手去触摸这些'小黑洞'，它们会咬你手的。"

小凯虽然知道不能用手去触摸"小黑洞"，却很想一探究竟。夏天到了，家里新添了一台空调，小凯的注意力被空调吸引，一会儿打开，一会儿又关上。过了一会儿，他又开始摆弄空调插头……

妈妈从卧室出来，看到小凯正玩得起劲，吓了一跳，大声喊道："不许动电源插座，我都跟你说多少次了。"小凯被吓了一跳，立刻扔掉空调插头。

晚上，爸爸出差回来，妈妈把这件事告诉了他。知道了儿子的举动，爸爸就拉儿子一起蹲在电源插头前面，认真地给他讲解了电流知识、电源插头原理及用途，还告诉他碰了之后会产生什么样的危险后果……

几天后，爸爸还给儿子买了些通俗易懂的图书，讲给儿子听。了解了电源和电的危害后，小凯的好奇心不再那么强烈了，不但不玩这种危险游戏，还会提醒其他孩子不去触碰，要远离危险。

案例中的小凯之所以不听妈妈的话，是因为他根本不知道电的危害，缺乏安全意识。在爸爸的认真讲解和引导后，小凯再也不玩电源插座上的"小黑洞"了，因为他知道，那是危险的。

很多孩子都会对电源插座上的"小黑洞"感到好奇，他们好奇它们的构造，好奇电线为什么能让电灯亮起来，更会像小凯这样去"试探"。面对这样的情况，有的家长会采用吓唬、批评等方式教育孩子。但是这种做法，不仅不能制止孩子，还会让孩子因为吓唬而对电产生恐惧，就此不敢使用电器或激起孩子的逆反心理，越禁止越好奇。

美国心理学家斯奇卡列说："好奇是儿童的原始本性，感知会使儿童心灵升华，为其探究事物藏下本源。"6~12岁的孩子有着强烈的好奇心——会对电器产生想要摸一摸的想法。但是，电虽然是一种重要的能源，却也有一个恶名——"电老虎"。为了减少危险，为了说服孩子，就要让孩子正确了解"什么是电""如何防止电带来的其他危害""怎样预防被电到"等。只有彻底了解了什么叫作电以及电的危险，孩子才能消除好奇心，并学会安全用电。

当然，安全用电仅仅是提升孩子安全意识的一个方面。孩子在成长过程中，对于一切新鲜事物都想去尝试，但是他们往往缺乏正确的判断能力，而家长要做的就是加强孩子的安全意识培养。

◆ **向孩子讲解安全常识**

仅仅给孩子设定一些规矩，不许这样，不许那样，忽略了对限制的详细说明，会让孩子产生误解或逆反心理。在日常生活中，家长应有意识地向孩子讲解一些安全常识，且要有耐心。例如：不要把手指放在门缝附近，如果有人进来推门，会夹伤你的手指；不要在马路上嬉戏玩耍，车子很多，你太小，如果有人开车没看到你，你就会被车撞倒……孩子明白了这样做的危险后果，理解了家长的限制是出于对自己的保护，也就不会贸然尝试了。

◆ **教给孩子使用电器的方法**

孩子懂事后，家长可以教给孩子一些简单电器的使用方法，并允许孩子在家长的看护下使用。

小磊生性好动，两只手总是不闲着，有时刚洗完手还没有擦干，就去摸家电或带电的电线。为了防止小磊在手湿的时候触摸电器，妈妈要经常对他说："洗完手后要把手擦干，手上又湿又潮，很容易被电伤！"不仅如此，小磊还喜欢学着电工的样子，对家里的电器进行简单维修，妈妈总是对他说："不要随意拆装家用电器，危险。"

除了认识电器外，家长还要让孩子知道：金属制品可以导电，千万不要用这些工具直接跟电源进行接触。例如不用手或导电物去接触、探试电源插座的内部；水也可以导电，电器不能沾水，不能用湿手触摸,不能用湿布去擦拭。一旦将水滴进电器,很容易造成电路短路,甚至会伤了人。

家长要让孩子知道电源总开关的作用及位置,让他学会在紧急情况下切断总电源。如果无法关断电源,要喊大人来帮助,千万不要自己去处理,以免触电。此外,家长还应该让孩子知道干燥的木头、塑料、橡胶等都不导电,是绝缘体,用这些工具直接接触电源,不会触电。

## "玩一会儿,怎么弄了一身土?"
### ——制止孩子玩游戏,他怎么会听你的

沙、水、泥都是孩子喜欢的游戏材料,相对于秋千及滑梯,这几项似乎更受到孩子们的欢迎。危险系数不高、玩法自由,玩耍过程也没有对错之分。有些孩子甚至会在"垃圾"中寻找"有用"的物品去玩,比如树枝、空罐、汽水盖、纸皮等。这些游戏都会让孩子感受到无穷的乐趣。

如果家长担心孩子把衣服弄脏而限制他们的行为,很可能会扼杀孩子爱玩的天性,甚至影响孩子的性格,让孩子无法成为一个积极乐观、爱好生活的人。

茹茹是个调皮的小女孩,虽然已经小学二年级了,但在妈妈眼中,

她就是个长不大的脏孩子。何以见得？这要从茹茹的爱好说起了。

茹茹从小就与众不同，她不喜欢和小女孩一起玩，而是喜欢跟男孩玩，经常会跟他们玩一些比较"脏"的游戏，如：堆沙子、捏泥巴。有时玩得高兴，茹茹还会在沙子里打滚儿。只要外面下雨，她总会急匆匆跑出去，专门去踩水坑……每次回来，茹茹都会被妈妈批评："看看你，又脏了！""你看看你，裙子又脏了！"这时，茹茹总是哈哈一笑，完全忽视妈妈的批评。

一天，茹茹跟妈妈到一个阿姨家做客，阿姨家有个与茹茹同龄的小男孩。大人在家聊天，两个孩子就在外面玩。一小时后，他们脏兮兮地从外面回来，脸上还有沙子……妈妈看见后，很是生气，劈头盖脸一顿臭骂。

这时，阿姨开口了："李姐，不要这么说孩子，我倒觉得很正常，我就支持孩子玩沙子、泥土，这是一件好事。前几天看了一篇文章说，孩子玩这些对他们的成长很有益。"

"有益？"妈妈听后，有些疑惑了。

孩子们都爱玩，只要觉得有趣，他们根本不会在乎脏不脏。在现实生活中，很多家长都像茹茹妈妈一样，不太愿意让孩子接触"脏兮兮"的游戏，只要一看到孩子做这样的行为，就会心生不满。如看到孩子用沾满水彩颜色的手在画纸上印画，会训斥孩子；看到儿子玩肥皂泡，会强行带儿子离开……其实，在大人眼里"脏兮兮"的游戏，大部分是触感游戏，需要孩子用双手去感受不同物料的质地。比如水彩是滑溜溜的，沙泥是粗糙的。

家长要用一种开放的态度，在保证安全的情况下，让孩子多接触不同的事物，用双手去感受身边事物的特点。如今，"干净"的游戏文化逐渐普及，尤其是社会对卫生及安全越发重视。家长要从中找到一个较好的平衡点，在保证卫生、安全的前提下，多做一些准备，让孩子多些体验，投入到没有限制、没有规则的"脏兮兮"的游戏中。

◆ **家长加入其中，孩子更快乐**

搓泥是每个人小时候都喜欢玩的一种游戏。通过小手的灵活运动将大泥团搓成小泥团是一种训练手指灵活能力的有效方式。方法很简单：将水、泥土等以适当的比例混合在一起，揉搓成一大块泥团。接着，揪一小块放在手中揉搓，揉成一个个圆形的小泥蛋。最后，把这些小泥蛋放在太阳下晒到半干就可以了。

小时候，周女士就鼓励儿子搓泥蛋子，两人经常在院子里玩打"大灰狼"的游戏，用泥蛋子当武器。其实，"大灰狼"是周女士从童话故事里引用的危险生物。"妈妈，小心你身后有只大灰狼，看我的，我来打败它。"每次儿子都玩得很起劲，好像他身后真的有一只大灰狼似的。每到这时候，周女士都会装作害怕极了的样子加入其中。

事实证明，这种亲子游戏不仅能加深家长与孩子的关系，还能让孩子玩得更开心。

◆ **给出明确的注意事项**

家长要保持一种开放的态度，让孩子通过双手去感受身边的事物。当然，在孩子在玩沙土时，有些地方也是需要注意的：

（1）沙土的选择。既可以找片沙土地来玩，也可以带孩子到干净的海边，在沙滩上玩沙土。

（2）做好准备。如果沙土很凉，要给孩子准备一双薄袜子，以免着凉。

（3）看护和陪伴。孩子在玩耍时，家长要在旁边陪伴，起到看护的作用，眼睛不能离开孩子，防止孩子把沙土弄到眼里或误食。

（4）多查找。为了找到更多的玩法，可以到网络上找找或者问问其他人是如何玩沙土的，比如可以在纸上画画，具体方法是：在一张硬纸板上涂上糨糊或胶水，画出动物等轮廓，然后让孩子将沙土撒在上面，这样在画面上就会呈现出相应的形状。

很多家长都会用决明子代替沙子让孩子玩，但是孩子似乎都不喜欢。因为沙子和大地的颜色一样，站在沙子里，孩子就像站在了大地上。对孩子来说，沙子更有亲切感。沙子与决明子的质感不同，外形也不一样。在海边，我们可以看到一大片沙滩，但看不到一大片决明子。尤其是在沙子与水接触时，孩子能创造出许多超乎想象的东西，但决明子不具备这种特性。

# "怎么老是坚持不了半小时？"
## ——孩子不是不听话，而是注意力不集中

俄国教育家乌申斯基说过："注意力是心灵的天窗"。只有打开注意力这扇天窗，智慧的阳光才能照射进心田。注意力集中，孩子就可以将焦点或意志集中在某一个目标上，而不被外界刺激所干扰。虽然注意力不是人的心理过程，但它却是心理过程不可忽视的一种状态。

对于孩子来讲，注意力是学习与生活的基本能力，其好坏直接影响孩子各方面的发展。注意力不集中，也是影响孩子不听话的一个重要因素。

娜娜是个聪明的孩子，喜欢学习，喜欢与同学相处。但她上课时总是很难进入学习状态，有时需要5分钟，有时需要10分钟，好在老师一般会把重点放在上课的10分钟以后，因此她学习基本上没什么问题。但是，娜娜升入五年级后，妈妈就被老师请到了学校。

老师反映说，娜娜上课总是不能集中注意力，听课不认真，经常搞一些小动作打扰其他同学。老师批评了她几次，委婉地告诉她不要在上课期间与其他同学说话，她很听老师的话，但注意力依然无法集中，手里总会摆弄铅笔、橡皮、尺子等物品。实在没什么可玩的，就玩弄自己的手指或盯着窗外。如果教室外发生了什么事情，突然有什么声音，娜娜总是班上第一个被吸引过去的。老师让她回答问题，她也是"一问三不知"，成绩下降了不少。

娜娜注意力不集中，不仅表现在学校，在家里也是一样。比如写作业时，还没写两行字，就吵着要喝水，没过多久，又要上厕所……反正

总会找出各种各样的理由。本来半小时可以写完的作业，她总是拖拖拉拉地写上一小时。看到娜娜这样，妈妈总是生气地说："你为什么总是坚持不了半小时？"

孩子连半小时都坚持不住，好像椅子上有钉子一样坐不住，怎么办？生活中，只要一提到孩子的注意力，很多家长都会感到头疼，该说的也说了，可孩子就是听不进去。有的孩子甚至还会跟家长顶几句嘴……注意力不集中的孩子，会被误解为行为偏差或懒散。其实，这些孩子也想好好地沟通或做出正常举动，只不过是一些内在因素控制或影响了他们的外在行为表现。

孩子注意力的形成尽管与遗传有关，但后天的环境与教育也对其有着重要的影响。因此，家长应根据孩子的身心发展规律及个性特征，为孩子创造一个良好的教育环境，帮助孩子集中注意力。

当然，每个孩子都是不一样的，对待注意力不集中的问题，不能使用千篇一律的解决方法，要因时因地因人区别对待。看到孩子的注意力不集中，就觉得孩子是"多动症"，这不仅会引起家长的恐慌，还会伤害孩子的自尊心。因此，家长要正确引导孩子的注意力训练，让他们从小养成好习惯。

◆ **从年龄出发，让孩子在一定时间内集中注意力**

在不同的年龄段，孩子的注意力集中时间是不同的。按照学龄阶段划分，孩子在小学一二年级时，注意力一次性集中的时间是 10 ~ 20 分钟，超过这时间，孩子就会感觉到累，就会走神；孩子在三四年级时，可以坚持到半小时左右；到了五六年级，基本上就可以增加到 40 分钟以上。

意大利的著名教育家蒙台梭利告诫我们："最好的学习方法就是让学生聚精会神地学习。"因为，聚精会神的状态比知识本身更重要。如果想提高孩子的注意力，家长可以让孩子在规定的时间内分阶段完成学习任务。比如在审题的过程中，让孩子将题目要求及条件用笔勾画出来，可以防止走神出错。

如果孩子可以专心完成，要给孩子一些鼓励，例如表扬、抚摸、亲吻等，并让孩子休息几分钟。之后，再用同样的方式完成接下来的学习。当孩子能够做得很好时，可以逐步延长一次性集中做题的时间。这样，就可以加强孩子的自信，让孩子觉得"我可以自觉集中精力做好一件事"。

◆ **结合孩子爱玩的天性，用游戏培养孩子的专注力**

爱玩不仅是孩子的天性，也是孩子丰富认知及增长技能的一个重要方式。在注意力的培养上，家长必须充分利用孩子爱玩的天性，用游戏的方式进行。

对于低年级的孩子，阅读、拼图、搭积木、串珠子、找不同等都是培养注意力的好游戏。值得注意的是，做游戏时，要做完一个之后再做另外一个，要想办法让孩子慢慢增加对一件事的关注时间。

随着孩子学习能力的不断提高，家长也可以增加游戏难度。如此，不仅锻炼孩子的注意力，还可以锻炼孩子的快速反应能力。例如玩扑克牌，取三张不同的牌，随意摆放在桌子上，让孩子盯住其中的一张牌，之后把三张牌扣在桌子上，家长随意更换三张牌的位置，让孩子找出刚才盯着的那张牌。为了增加难度，家长还可以增加牌的数量，变换牌的位置，提高变换牌位置的速度。

总之，只要游戏符合孩子的心理特点，就能够受到孩子的欢迎，孩子的积极性也会比较高。每天坚持玩一段时间，孩子的注意力就会有所提高。当然，还可以让孩子玩些抗干扰类型的游戏，例如让孩子把球放在乒乓球拍上，绕桌子走一圈，要求乒乓球不能掉下来。

专注力的培养需要一个过程，不能一蹴而就，家长要耐心地陪孩子成长。这不是用一两个月的时间就可以调整过来的，一定要耐心地等待孩子的成长与改变。家长还需要注意：千万不要把孩子的注意力不集中问题放在明面上说，更不能看到谁就跟谁说，要用一种积极的方式与他人分享"孩子最近注意力越来越好了"，从而在孩子的心里种下自信的种子。

## "当着客人的面，我都不好意思说你！"
### ——丢了面子，孩子就会跟你对着干

所谓"人活脸，树活皮"，面子对成人的意义不言而喻。同样的，面子对于孩子来说，也是很重要的。孩子即使年龄再小，也有自尊心，

也爱面子，有些孩子的"爱面子"甚至比成人还要强。所以，家长在教育孩子时，一定不能伤害孩子的面子，也就是自尊心和自信心。

说到孩子的面子问题，张女士深有体会。

儿子飞飞刚过完7岁生日，他觉得自己已经长大了，是个小男子汉了。与邻居家妹妹玩儿时，飞飞总爱表现。

一天，妹妹来家里玩，飞飞热情地招待了她，并且骄傲地跟她说："我很小就自己单独睡啦！从来都不害怕！"

"哦，好棒啊！"妹妹用崇拜的眼神看着飞飞。看到妹妹的表情，飞飞很是得意。这时，张女士接了一句："你还好意思跟妹妹说，人家4岁都已经不尿床了，你4岁还尿床呢。"

瞬间，飞飞的脸就红了，立即反驳："谁说我尿床了，没有的事！"说完，他就跑进自己的房间，怎么叫都不出来。

后来，张女士才意识到，自己的话伤到了孩子的自尊，没有顾及孩子在朋友面前的面子。从那以后，张女士在跟儿子沟通时，说话也小心一些了。

一次，张女士下班回来，看到忘带钥匙的邻居被锁在了门外，就邀请邻居到自己的家里坐。没想到一开门，就发现家里的沙发被颜料涂的乱七八糟、五颜六色。

邻居走后，张女士把飞飞叫过来，问他沙发是怎么回事。飞飞低着头，一句话也不说。张女士想了想，继续说："刚才邻居阿姨在，当着客人的面，我给你留面子，没说你，但是这并不表示我赞同你的做法。"

飞飞听后，不好意思地说："妈妈，我知道错了，以后再也不会往沙发上画画了。"

古训有云："堂前训子"，意思是说，教育孩子可以在大庭广众下进行，不用给孩子留什么面子。在这种传统思想的影响下，很多家长都觉得孩子有错误就要立刻批评，不管在什么场合，有谁在场。许多人跟朋友谈论孩子时，总喜欢当着孩子的面说孩子的缺点，经常在外人面前强制要求孩子做他不喜欢做的事。

教育专家吕斌曾说："父母在批评孩子时，要给孩子留点面子。成功的家庭教育来自父母对孩子的深入了解，接受和尊重孩子，而不是揭孩子的短。"孩子也要面子，堂前训子，不仅达不到教育目的，还可能伤害到孩子的自尊心和自信心。当着很多人的面训斥孩子，孩子会产生抵触心理，即使知道自己做错了，也不会承认。在外人面前斥责孩子，强迫孩子做自己不愿意做的事，揭孩子的短等，都会让孩子产生挫败感和羞辱感，给孩子的心理留下不可磨灭的阴影。

除此之外，经常在外人面前受到家长批评的孩子，大多会缺乏安全感，对家长产生不信任感，从而疏远和家长的关系，甚至有的孩子会出现一些心理问题，例如自卑等。

家长不给孩子留面子，孩子自然就容易跟家长产生冲突，因此如果想说服孩子，减少争吵，就要学会给孩子留面子。

◆ **家丑不要外扬**

爱护孩子的面子，就不要到处说孩子的错误，明智的家长都知道：家丑不外扬！

带孩子外出碰见熟人，很多家长会担心：当着别人的面夸奖孩子，孩子听到之后会骄傲，会扬扬自得，于是专门数落孩子的不是。这种做法不仅不能防止孩子骄傲，反而会伤害孩子的自尊心和自信心。

有些家长聚在一起时常常会谈论孩子的问题，会把孩子之前闹过的笑话拿出来当作话题来"交流"。或许，这些发生在孩子身上的糗事在成人眼里也许没什么，甚至是个笑点，而在孩子心里却很重要，关乎他们的颜面。因此，家长们聚在一起聊天时，最好不要把孩子的缺点或糗事当作谈资。

如果孩子做错了事情，父母在教育他们时，最好控制在小范围内，比如爸爸或妈妈其中一人参与，不能两个人同时进行批评，不然会让孩子产生被"批斗"的感觉，从而有了逆反心理。毕竟，家长教育孩子的目的，是为了让孩子改正自己的错误，使问题得到解决，而不是为了批评而批评。

◆ 平等地对待孩子

很多家长都有一种想法：孩子是自己生的，自己养的，听自己的话是理所应当的。因此，一些家长总是把孩子放在附属品的位置上，喜欢居高临下教训孩子，强迫孩子听从自己的意愿，甚至把孩子当作自己的私人物品。

这样的做法，是家长与孩子产生隔阂的根本原因。如果家长不把孩子放在平等的位置上，与孩子交流时俯下身子，用平视的角度与孩子沟通，这不仅在形式上让孩子得不到尊重，还会在心灵上让孩子感受不到尊重。

为了改变这种状况，家长应该保护孩子的自尊心，平等地对待孩子。比如装修房子，让孩子参与进来，告诉孩子：他也是家中一份子，享有发表意见的权利；大人在一起聊天，鼓励孩子参与进来，不要觉得孩子年龄小，就将他冷落在一边；做饭时，问问孩子想吃什么，不要只做大人喜欢吃的。

自尊心是随着孩子的自我意识和自我评价的发展而逐渐发展起来的。家长千万不要觉得，孩子的认识能力有限，就认为他们没有自尊意识。孩子同样也有自尊心，并且孩子的自尊水平还会影响之后的学业和社会交往等各方面。因此，在与孩子接触的过程中，家长要顾及孩子的自尊心。

## "不要冲动，不要冲动！"
## ——孩子自制力弱，就会显得有点不听话

面对诱惑，自制力比较差的人经常会不知不觉陷入其中，而自制力强的人却可以控制自己并做出有利于个人和符合道德规范的行为。6~12岁的孩子身心发育还不成熟，自制力不是很强。因此，孩子会出现一些没有自制力的行为，例如，上课注意力不集中，做事虎头蛇尾，看电视收不住，管不住自己的嘴，上课插嘴，骚扰同学……家长要做的就是引导孩子提高自制力。

刘心是一名小学三年级的学生,很聪明,但也很调皮。在他身上有个缺点,就是容易冲动。平时,他就像只小猴子,喜欢上蹿下跳,容易生气,时不时就会对其他孩子挥拳相向。

早上进班级时,刘心总会掐着点用百米冲刺的速度闯进教室;下课自由活动时,他会带着其他同学在教室窜来窜去;完成作业的速度很快,但是正确率不高,一旦做错了,就恨不得把作业本撕了;他不喜欢被妈妈训斥,只要妈妈说他两句,他就会立刻停止手边的事情。

平时在家写作业时,刘心很不专心,大人说句话,他就会插嘴。上兴趣班也是这样,学过很多科目,钢琴、画画,最后全部没有坚持下来。

暑假时,妈妈为了锻炼他的耐力,培养他的自制力,专门给他留了一个作业——每天画一张画。开始时,刘心总是画着画着就不耐烦了。妈妈总会拍着他的肩膀,说:"深呼一口气,心里默念'冲动是魔鬼',告诉自己不要冲动,让自己静下心来,慢慢画……"接着,会给刘心一个鼓励的眼神,告诉他:我相信你一定没有问题。

第一天,刘心还是很烦躁,画了一半就坚持不下去了。第二天,在妈妈的鼓励下,刘心虽然没有完成,但比起第一天,有了不小的进步……一周之后,即使妈妈不鼓励,只是静静地坐在刘心身边,他也可以将画画完。经过一个暑假的练习,刘心的自制力逐渐得到改善。

自制力对孩子形成良好的性格十分重要,自制力强的孩子懂得控制自己,反之则会做出很多出人意料的行为。育儿专家认为:从小开始进行自制力练习十分重要,自制力如同肌肉,越锻炼越强健。

20世纪60年代,美国心理学家沃尔特·米歇尔做过一项实验:他将几个孩子单独留在一个小房间里,给他们每人发了一颗糖果,并告诉孩子可以立刻吃掉。但是,如果能够坚持到研究人员回来再吃,则会再奖励另一颗糖果给他们。有些孩子立即吃掉了糖果,有些孩子坚持到研究人员回来之后才吃。通过对参加实验的孩子进行追踪研究发现,立即吃糖果的孩子在青少年时期显得很缺乏自信、不能与同伴友好相处。而等到最后才吃糖果的孩子则比较有主见、学业也很出众,人际关系也好。这项实验说明:延迟满足、具有自制力的孩子,长大之后更容易获得成功。为了追求更大的目标,他们经得住诱惑,懂得坚持,耐心也比较足,这些正是高自制力的具体表现。

跟智商这种先天因素比起来,自制力是一个人后天在学业、工作、婚姻和人际交往中取得成功的重要因素。而自制力的培养要从小学阶段抓起,孩子小学阶段形成的自制力对其一生都有很深远的影响。研究证明:在儿童期就可以表现出良好自控力的孩子,成人期很少会对事情成瘾或犯罪,比性格冲动的孩子更健康、更富有。

当然,孩子的自我控制力并不是生来就有的,而是在后天的环境中随着自我认知的发展和家长的不断引导逐渐形成与发展起来的。因此,作为家长,必须改变错误的教育方法,要科学、有计划、有步骤地培养孩子的自制力。

◆ 以身作则,做高自制力示范

张伯苓是我国著名的教育家,1919年后相继创办了南开大学、南开女中、南开小学等学校。他不仅重视学生的文明礼貌教育,还身体力行,为人师表。

一次，张伯苓无意中看到有个学生手指被烟熏黄了，便严肃地对那个学生说："吸烟会伤害身体，必须戒掉。"可是，学生有点不服气，不满地说："吸烟对身体没好处，您怎么还吸？"

听了学生的责难，张伯苓歉意地笑了笑，之后便让工友将自己所有的吕宋烟全部拿出来，当众销毁，同时，还将跟随了自己多年的烟袋杆折断，并诚恳地说："从此以后，我与同学们一起戒烟！"

果然，从那以后，他再也不吸烟了，学生中吸烟的现象也逐渐减少。

同样，家长的一举一动在孩子的成长学习过程也起着榜样的作用。如果家长脾气火爆，在家长的影响下，孩子多半也会变得脾气火爆、缺乏耐心、浮躁。如果家长总是因为一件小事而发牢骚，或者因为鸡毛蒜皮的事情就大发脾气，或者家庭关系紧张，总是吵架，孩子长期处于没人照顾、缺乏安全感的状态，就很难形成良好的自控能力。所以，要想让孩子提高自制力，家长必须以身作则。

家长在自我控制方面表现得出众，孩子也会潜移默化地受到影响。比如带孩子外出，遇到堵车的情况，不要抱怨，更不要将焦躁情绪传染给孩子，可以和孩子一起做小游戏，使等待的过程变得有趣；想对孩子发火时，可以深呼吸，对自己说"我要冷静，不能发火"；跟他人发生矛盾时，要多想想自己的问题，争取将问题化解掉；被同事误解，不要一回到家就喋喋不休地抱怨，事情终会过去，没有什么问题是无法解决的……

总之，家长的言行都会影响孩子，要想让孩子学会控制自己的情绪，家长必须注意自己的一言一行。

◆ 自制力培养,要循序渐进

王献之是王羲之的第七个儿子,从小就特别聪明好学。他七八岁时,就跟着父亲开始学习书法。

一天,小献之问母亲:"以我现在的水平,只要再写上三年就行了吧?"妈妈摇摇头。

"五年总行了吧?"妈妈又摇摇头。

小献之有些着急,冲着妈妈说:"那您说,究竟要多长时间?"

"记住,写完院里这18缸水,你的字才能有筋有骨、有血有肉,才能站得直、立得稳。"献之回头一看,原来不知什么时候父亲已经站在了他的背后。

王献之很不服气,但无话可说,一咬牙又练了5年。

这天,他拿着自己写好的一大堆字给父亲看,想让父亲表扬自己几句。谁知,王羲之一张张翻过,一个劲地摇头。当看到一个"大"字,父亲脸上终于出现了比较满意的表情。之后,他抬手在"大"字下填了一个点,最后将字稿退还给小献之。

小献之心中依然很不服气,将全部习字抱给母亲看,说:"我又练了5年,还是完全按照父亲的字样练的。您看看,我和父亲的字还有什么不同?"

母亲认真地看了3天,最后指着"大"字下加的那个点儿,叹了口气说:"你已经用完了三缸水,但只有这一点像你的父亲。"

小献之听后,彻底泄气,说:"这样下去,啥时候才是个头啊?"

看到儿子的骄气已经消尽,母亲鼓励他说:"孩子,只要功夫深,就没有过不去的河。你只要像这几年一样坚持不懈地练下去,一定可以超过你父亲!"

献之听后深受鼓舞,又坚持不懈地苦练下去。功夫不负有心人,在使用了18缸水后,王献之的书法造诣突飞猛进。后来,他的字和王羲之的字并列,称为"二王"。

不可否认,王献之之所以能够在书法上取得重要成绩,关键就在于懂得自制,一步一步地实现了自己的目标。

孩子自制力的培养,不能一蹴而就,可以选择一些能磨炼孩子耐性的课程让孩子学习,通过修身养性来逐渐调节孩子的情绪,增强孩子的忍耐性和涵养。具体方法有很多,例如可以有意识地让孩子学乐器、练字、画画或陪孩子下棋等。在重复且有要求的训练中,通过一点点的思考与揣摩,孩子就可以磨炼耐性。

当然,孩子一开始都会对新鲜的东西很感兴趣,但随着重复的劳动,会变得越来越没有兴趣,甚至变得厌烦。一方面,家长要循序渐进,不断地提高要求,不能从一开始就提出让孩子很难达到的要求。例如孩子学习乐器,开始让他练习15分钟,然后慢慢增加时间。另一方面,要制定一个赏罚制度,完成目标就要给孩子奖励,没有完成目标就给予小惩戒。

自控不等于机械地压抑,真正的自控是建立在合理宣泄的基础上。

当孩子受了委屈，伤心痛哭时，有的家长会说："男子汉要坚强，流血不流泪，不许哭。"孩子得到了老师的表扬，得意地对家长展示，家长又说："好孩子不能骄傲，多想想你的缺点。"实际上，家长的这些做法都是不科学的。当孩子与你分享情绪时，家长要做的是引导，而不是压制。

## "怎么老不叠被子？"
### ——孩子依赖心理强，就会不听妈妈的嘱咐

孩子过分依赖家长，不够独立，离开家长后，就会感到无所适从、手足无措，甚至缺乏主见，不懂得积极行动，性格懦弱。所以，家长要从小培养孩子独立的精神和动手能力，防止孩子产生依赖的心理和习惯。

为了让小维集中精力学习，家长也是尽心尽力，学习以外的任何事情，家长都会替小维去做好——吃饭时，妈妈会及时把饭端到小维手上；衣服脏了，妈妈会帮着清洗；笔记本用没了，妈妈给买好。到了小学四年级，小维自己连袜子都没洗过，她已经习惯了这种饭来张口、衣来伸手的生活，甚至还觉得家长做的一切都是理所当然。

到了暑假，小维参加了为期一周的夏令营活动，第一天他就遇到了很多困难：自己不会洗袜子，不会洗头，甚至连衣服扣子也不会系……在同学与老师的帮助下，小维终于熬过了这一周。

当老师将小维的情况反映给家长时，他们才意识到：小维的依赖性超出了孩子该有的范围，连基本的独立生活能力都没有，不改正的话，只会毁了孩子。于是，家长决定不再包办他的生活。

早晨，小维起床，照旧等待妈妈去帮忙叠被子，但是一连几天，妈妈都没有叠，并且问小维："你已经好几天没有叠被子了哦。"小维疑惑地说："以前不都是妈妈叠吗？"妈妈语重心长地说："自己的事情要自己做，小维已经长大了，很多事情都要自己做，现在你的被子要自己叠，你的袜子要自己洗。"

尽管小维不情愿，但也没有办法。妈妈不帮忙，小维只得硬着头皮自己做了……

长期生活在家长的羽翼下，小维就像是温室的花朵，经不起风吹雨打，也经受不住大自然的雕琢。孩子总有一天会长大，总有一天会离开家长，独自去面对外面的狂风暴雨，独自去经历挫折失败。为了让孩子坚强地成长，家长最好的爱莫过于放开双手，让孩子自己去面对外面的风雨。

家长一定要明白，对孩子纵容，容易让孩子养成依赖心理，从而使他们永远无法独立起来。家长要采取正确的方式，给孩子正确的引导，减少他们对大人的依赖，帮助他们勇敢面对未来。为孩子做了所有的杂事，对孩子并不是一件好事。爱孩子，就要教孩子独立，让孩子做些力所能及的事，减少他们对家长的依赖。

我国教育家陈鹤琴先生说："凡是孩子自己能做的事，让他自己去做。"美国心理学家戴尔说："孩子需要一定的空间去成长，去试验自己的能力,去学会如何对付危险的局势。不要为孩子做任何他自己能做的事,过多地做了,就会剥夺孩子发展自己能力的机会,也会剥夺他的自立及信心。"

美国詹姆斯·约翰说:"兴趣是最好的老师。当一个人的某方面兴趣与他的志向结合起来时,离成功就已经不远了。"家长要顺应孩子的天性,让孩子大胆去做自己感兴趣的事情。这不仅有利于培养孩子的自理能力,也可以培养孩子的意志力和责任感,增加他们的基本生活常识和劳动能力,使孩子学会对自己的生活和行为负责,真正地长大成人。

◆ **让孩子去做力所能及的事情**

有些家长对孩子过于溺爱,不忍心让孩子做任何辛苦劳累的事情。不论在生活上,还是学习上,只要孩子遇到了问题,家长就如同长了千里眼一样,立刻站出来帮孩子解决。这种"代办"的做法,不利于培养孩子的独立能力,孩子也无法成长为一个独立的人。

孩子从小缺乏锻炼的机会,缺乏自理自立的基本生活能力,缺乏处理事情和应对困难的能力,对日后的成长必然造成不利的影响。

因此,家长应该放手让孩子多参加一些劳动,让孩子学会照料自己的生活,比如穿衣、吃饭、洗脸、梳头、系鞋带、整理书包、擦玻璃、收拾房、帮家长洗菜、买酱油、打扫卫生等,以此来培养孩子独立生活的能力。除此之外,家长还应当鼓励孩子积极参加学校的值日劳动和公益性劳动。

◆ **下狠心,家长要舍得让孩子独立**

舍不得让孩子受罪,会毁了孩子。打着爱的旗号,过分保护孩子,不给孩子独自面对世界的机会，这种爱，不是真爱。真正的爱，并不是一味宠溺，而是尊重孩子的成长规律，懂得为孩子的长远发展考虑，舍得让孩子独自面对外面的风雨。

在孩子的教育上，李嘉诚认为："不管你拥有多少家财，都要从小培养孩子独立自强的能力，不能让他们养成娇生惯养、任意挥霍的生活习惯。放松了对他们的早期教育，等他们成了只知道吃喝玩乐的纨绔子弟，再教育就难了！"

为了让儿子李泽楷认识到在这个世界上除了有钱人外，还有很多人处于艰难和困苦之中，当年李嘉诚经常会带着年幼的儿子李泽楷到报纸档口，因为那里有个小女孩一个边卖报纸，一边做功课。他告诉儿子："像你一样具备生活和学习条件的孩子并不多，所以一定要好好利用，不能享受和挥霍。"

为了让儿子体会生活的艰难苦涩，李泽楷到美国读书后，李嘉诚就让他自己照顾自己。李嘉诚虽然很有钱，但对儿子却非常苛刻，如果不打工，就生活不下去。所以，初到美国求学的李泽楷，为了满足生活需要，打过很多零工，从清洁工到门童，从前台到后台……李泽楷甚至还为了帮助经济困难的学生，到高尔夫球场当过球童，替人家捡球。听说这件事后，李嘉诚非常高兴，对妻子说："好！孩子这样发展下去，将来一定比我有出息！"

如同破茧成蝶一样，任何事物的成长都不可能一帆风顺，都要经历磨难，这些经历别人不能替代，就像吃饭喝水一样。家长一定要狠下心来，舍得让孩子经历，越早成长对孩子越好。

自己决策是独立的一个重要方面,家长要从小培养孩子自己决策的能力。孩子的事应让他自己去思考,自己去决定。玩具放在哪里?游戏应该如何布置?和谁交往?总之,只要跟孩子有关的事,家长尽量不要替孩子作决定,而是要让孩子自己学会动脑筋,自己想办法。

## "怎么总是不老实?"
### ——孩子精力充沛,安静下来不容易

爱动是孩子的天性,6~12岁的孩子很少会安静地坐在那里看书或玩玩具,只要醒了就喜欢到处跑,一刻也不停歇。他们对周围的环境感到好奇,凡事都喜欢看一看、问一问、摸一摸。

作为家长,首先要理解孩子的行为,那是年龄特点的一种表现。其次,要因势利导,与学习积极配合,采取多种途径对孩子加强培养。

鹏鹏是个小男生,性格活泼,可是他的过度活泼让老师感到十分头疼——上课时,坐不了5分钟就把头埋进课桌,手里不知道在捣鼓什么。老师一提醒,他立刻就正襟危坐,但用不了3分钟就恢复原样了;做作业时,他一边在本子上写,一边不停地玩尺子;下课时,他东跑西窜,还时不时欺负一下同学……

回到家中，鹏鹏更是一刻钟也闲不下来，经常将玩具摆列一地，用妈妈的话来说就是：永远精力充沛，24小时在线！

为了改变这种状况，妈妈给鹏鹏报了美术班，但是上课时鹏鹏经常左顾右盼，总是坐不住。鹏鹏比一般的孩子更爱动，注意力很容易受到干扰，例如自己刚要调色，看到有的孩子在玩彩铅，他也跑去玩彩铅，没一会儿又玩起了蜡笔……

暑假一到，鹏鹏就像是出了笼子的小鸟，每天一睁眼，就自己忙活，把家里搞得乱糟糟的。下午天气稍微凉快一些时，妈妈带他去小区的游乐场玩，他能玩很久，甚至能不吃饭、不喝水，精力比大人还好，晚上11点之前，他从来没有上床睡觉过，妈妈总是无奈地说："你不累吗？怎么这么不老实呢？"

天真活泼、调皮爱动是孩子的天性，但有些孩子似乎爱动过头了。相信在很多家庭中都有一个这样"精力充沛"的孩子，他们不仅不能克制自己，还经常闯祸，不老实，一刻都不安静。

其实对于6岁之前的孩子，活泼好动，甚至注意力不集中，都是成长的正常表现，可以满足孩子的探索、好奇等心理特征。如果进入小学，依然出现持续的注意力不集中、易冲动等行为，家长就要多加注意了。

排除多动症的可能，一般来说，孩子好动只有以下两种可能性：

1. 孩子属于触觉型学习者。这类孩子不论在家里，还是学校，都无法安静地坐下来，因为他们需要利用肌肉的肢体运动来学习。

2. 家长对孩子疏于照顾。这些孩子从小得到家长和家人的妥善照料与关怀，进入学校后适应不了学校的节奏与生活，甚至会用负面行为来吸引老师和同学的注意。

孩子好动的原因多种多样，不加以正确引导，孩子很容易成为问题少年。因此，作为家长，如果发现孩子精力过于充沛，一直安静不下来时，要加以重视，积极引导并纠正孩子的行为。

◆ **给孩子提供适宜的宣泄渠道**

孩子精力充沛，就会琢磨着如何玩。如果想让他们安静下来，就要为他们提供事宜的宣泄渠道，比如：将心中的不满写到笔记本上，到外面做些自己喜欢的活动，如踢毽子、打篮球、骑自行车等，到一个空旷的地方，大喊几声……不论是触觉型、学习型的孩子，还是被家长忽视的孩子，都要鼓励他们选择适合自己的宣泄方式将不良情绪宣泄出来。

同时，家长还要鼓励孩子学习一两项自己喜欢的运动，并定期带着孩子去运动。长期坚持运动，孩子就可以将过剩的精力宣泄出来，慢慢安静下来。对于被疏忽的孩子，也可以通过亲子互动，增进亲子间的情感交流，让孩子学会正确表达自己的情绪情感。

◆ **有规律地安排生活作息**

研究表明：好动的孩子大多精力充沛，具有很好的想象力和创造力。只要积极合理引导，将来会有很大的成就。很多名人小时候都有好动的倾向，例如爱因斯坦、爱迪生、牛顿、海明威、比尔·盖茨、乔丹……

面对好动的孩子，家长要对孩子有足够的信心，坚信孩子可以改掉多动的毛病。同时，也要在适当的情况下狠心一点，督促孩子严格执行改正的规定和规则，从而帮助好动的孩子慢慢学着在适当时安静下来。

家长要协助孩子制订每天的作息时间表，要求孩子认真执行并在执行状况良好的情况下给予肯定与奖励。

除此之外，好动的孩子常常在日常的生活有所变动时，症状会变本加厉。在规律的生活中有突发的事情时，家长要提前做好应对孩子心理变化的准备。例如带孩子郊游时需要告诉孩子要去哪里，都有谁，会看到什么，有什么事项是需要注意的等，让孩子有充分的准备，避免出现过度兴奋的情况。

活泼、好动是孩子的本性，而多动症与孩子顽皮好动有本质上的区别：多动症的孩子基本没有什么兴趣爱好，不论什么时间和地点，都不能长时间地集中注意力，即使是孩子最喜欢的电影、电视和连环画，也不能让他们专心。但是顽皮好动的孩子只要看到自己喜欢的电影、电视、连环画或玩具，就可以保持注意力的高度集中，并且讨厌别人的干涉与影响。

# 科学育儿，培养孩子好品格和好习惯

第二部分

孩子良好习惯和品格的养成，离不开家长的正确引导。在教育孩子的过程中，如果孩子不听话或者不按要求做事，家长就要通过正确的引导，矫正他们的行为，让孩子的言谈举止更加符合正常的行为规范，继而养成良好的生活习惯、学习习惯、规则习惯和健康品格等。

## 第二章　让孩子养成良好的生活习惯，不用管教孩子也能听进去

> 为了让孩子养成良好的生活习惯，并不一定要使用强硬手段逼迫孩子，只要家长善于引导，采用合适的方法，就可以让孩子养成良好的生活习惯。如果家长跟孩子对着干，只会让孩子更不听话，这对良好生活习惯的养成一点儿好处都没有。

### "让你早起半小时锻炼一下，就是不听。"
### ——培养孩子锻炼身体的习惯

如今学生的课业负担很重，课余活动时间很少，体育课也不被重视，结果导致孩子的学习成绩上去了，身体却出现了诸多问题。"望子成龙，望女成凤"是每个家长内心最深切的期盼，但是孩子有健康的身体也是很重要的。因此，家长一定要让孩子养成锻炼身体的好习惯。

每个人看到莹莹都会夸一句，这个小姑娘长得真漂亮。不过，莹莹也有一个毛病——喜静不喜动。同学叫她一起玩游戏，她就会说："脚

疼。"对她来说,远远地看着别人玩游戏还行,参与进去是不愿意的。平时出门在外,她总是撒娇让家长抱着、背着或者坐车。一放假,她几乎就不出门了,"宅"在家里看动画片、玩玩具,几小时都不活动一下。家长想让莹莹动一动,但她总是找各种各样的理由来推脱。

如今,她已经上小学三年级了,尽管成绩优秀,但是每次体育课她都比较害怕。跑400米就像要她的命一样。久而久之,她就对跑步产生了恐惧感。

前几天天气反常,莹莹感冒了。她连续吃了三天的药,却一直不见好,后来竟然引起了轻微肺炎。在医生的建议下,莹莹不得不在医院住了一周。

出院时,医生一再叮嘱莹莹的妈妈:"孩子的身体免疫力太差了,一定要多锻炼身体,增强抵抗力。"

回家以后,妈妈耐心地跟她说:"你看这一生病,吃了那么多药,也耽误了很多课。医生也说了,让你锻炼身体,增强抵抗力。身体是革命的本钱,只有身体健康,才能在生活或学习上有一个新的高度。这样吧,你每天早起半小时锻炼一下,我陪着你一起,好吗?"

听完妈妈的话,莹莹点点头说:"好,我一定坚持锻炼。"

如今,很多孩子都喜欢在家"宅"着,即使有时间也不喜欢出去运动,反而愿意"宅"在家里看电视、上网或玩游戏……这样的情况如果继续持续下去,不仅对孩子的健康有所影响,还会影响到孩子的人际交往,甚至长大后的事业。所以,家长要有意识地让孩子通过运动增强身体素质,鼓励孩子积极锻炼身体,让孩子积极地参与到运动上来。

身体的健康发育是一切能力的基础。所谓"生命在于运动",运动可以给孩子带来活力,可以促进孩子的健康成长。体育活动不仅可以增强孩子的身体素质,满足孩子成长的需要,还可以锻炼孩子的耐力与品格。

一般来说,孩子不喜欢锻炼身体,有以下几种原因:孩子的意志力比较薄弱,不能持之以恒,家长的坏习惯影响了孩子,孩子对锻炼不感兴趣。只有找到孩子不爱锻炼身体的具体原因,对症下药,才能从根本上解决问题,让孩子养成锻炼身体的好习惯。

◆ **给孩子创造运动的条件**

在19世纪50年代时,洛克菲勒家族事业的创始人约翰·洛克菲勒只是一个周薪7美元的打工仔,但他通过个人奋斗最后创建了标准石油公司。教育孩子的时候,约翰·洛克菲勒总是跟孩子强调锻炼身体的重要,儿子上学时,他让儿子滑着旱冰经过中央公园到林肯学校,家庭司机只是开着车跟在后面。

现代生活压力大,生活成本高,居住环境比较狭窄,孩子在家里的活动空间很有限。家长应该在适当的时间内,带孩子参加一些户外活动,为孩子创造条件,让孩子多参加一些体能锻炼,比如孩子喜欢踢足球,就给孩子买个足球,孩子喜欢羽毛球,就跟孩子一起出去打羽毛球,孩子喜欢跟同学玩,放学回家后,就让他们在小区玩半小时……这样,既可以训练孩子敏捷的身手,又可以锻炼孩子的体魄与胆略。

此外,还要督促孩子养成早晨锻炼身体的好习惯。6~12岁是一个人形成良好习惯的关键时期，此时的孩子在生理上处于生长发育与素质发展的关键时期，正是养成自觉锻炼身体习惯的最佳时机，如果错过了，随着年龄的增长，若想养成新的好习惯，就需要花费更多的时间了。坚持早上锻炼，不仅可以锻炼身体，还能让孩子养成持之以恒的习惯。家长可以跟孩子约定一个时间，到点就起床，之后一起出去运动，如果孩子不想起，家长要在一边督促一下，一定要让孩子起来。

◆ **视孩子的具体情况选择运动方式**

在为孩子选择体育方式的时候，要根据孩子的具体情况来确定，比如，如果孩子比较胆小，做事容易害羞，家长可以引导孩子选择具有挑战性的项目进行挑战，如游泳、滑雪、溜冰、摔跤等，帮助孩子克服胆小、害羞、犹豫等心理障碍。

如果孩子优柔寡断，可以带孩子参加乒乓球、羽毛球、爬山、跳远、网球等体育活动。这些项目对锻炼人的果断性具有很大的帮助。

如果孩子的自信心不强，可以带孩子参加广播体操、跳绳、俯卧撑、踢毽子等活动。这些体育活动比较简单，坚持锻炼一段时间之后，孩子会变得越来越自信。

如果孩子心理素质比较差，做事容易紧张，要多带孩子参加一些公开的、激烈的体育比赛，锻炼孩子冷静沉着应对比赛的能力。

如果孩子好逞强，自负，可以选择一些难度系数较大的、动作较复杂的，如跳水、长跑、体操等项目进行锻炼，也可以为孩子找几个小伙伴，让孩子感受竞争的激烈，懂得"人外有人"的道理。

兴趣是孩子最好的老师。如果孩子对某项体育运动感兴趣，就会愿意去参加。当然，要想培养孩子对体育锻炼的兴趣，还要从跟孩子一起玩体育游戏开始，有时间也可以带孩子去参观、欣赏各种体育比赛。

## "跟你说多少次了，不能挑食！"
## ——从具体方法入手引导孩子正常用餐

孩子厌食、挑食是家长们最头疼的一个问题。有些孩子喜欢吃零食，一到吃饭就没有胃口；有些孩子很挑食，不喜欢吃蔬菜，只喜欢吃甜食和肉类。家长跟他们说过无数遍，吃饭要讲究营养均衡，只有这样，才能有一个健康的好身体，可孩子就是听不进去……怎么办？正确的方法是，从具体方法入手引导孩子正常用餐。

小夏家境富裕，爸爸妈妈对她也很溺爱，不管她想吃什么，爸爸妈妈都会买给她。但是，小夏的身体状况并不好，经常跟妈妈说头疼，觉得浑身上下都不舒服。后来，妈妈带她到医院做了个检查。没想到，医生竟然说小夏患上了营养不良症。

妈妈感到很纳闷，孩子吃的都是价格不菲的好东西，怎么可能会营养不良？经过医生的分析后，妈妈才知道，虽然小夏吃了不少山珍海味，但她喜欢挑食，不合自己胃口的饭菜从来不下筷子，且不爱吃蔬菜。偏食，成了营养不良的主要原因。

为了让女儿的身体健康起来，妈妈下了狠心，变着花样做饭，尽量把每道菜都做得色香味俱全，粗粮做得更加精致，可小夏就是不愿意张口。

为了解决女儿挑食的问题，妈妈又想了个办法——养了两条小金鱼，一条大的，一条小的。一天，妈妈把小夏领到鱼缸前，让她观察小金鱼。小夏对小金鱼很感兴趣，有时还会对着小金鱼说话。小夏好奇地问妈妈："妈妈，为什么小鱼一条大，一条小？"

妈妈耐心地对小夏说："因为大鱼不挑食，不管是小红虫还是鱼食，它都吃。吃饭时，它也很专心，所以身体才长得快。而这条小鱼只吃小红虫，一边吃一边还游来游去，所以就长不大。"听着妈妈的话后，小夏不说话了。过了一会儿，她对妈妈说："妈妈，我不要生病，我要像大鱼一样，越长越大。"

6~12岁的孩子正处于身体发育的关键阶段，挑食会影响孩子的身体发育，严重的话，还会导致身材矮小、智力下降、营养不良等严重后果。

要知道，不同的营养素在体内的作用各不相同，6~12岁的孩子对各种营养素的需求量比较多，如果营养素摄入的量不足或品种不全面，就容易产生营养素缺乏症。

当然，孩子挑食并不是天生就有，而主要是因为家长缺乏营养知识，从小喂养不正确，不注意烹调技术和家庭教育的不正确等引起，比如家长本身不喜欢吃蔬菜，家里就会比较少买蔬菜；家长不经常做饭，天天给孩子吃水煮蛋；家长无意的谈话，如韭菜臭、芹菜有药味，很容易给孩子造成一种先入为主的不良影响。

无论何种原因，挑食都会影响孩子的身体健康。所以，家长们一定要尽快想办法改掉孩子偏食、挑食的习惯，让孩子均衡地吸收各类营养，有一个健康的身体。

◆ 给孩子树立一个好榜样

著名教育家杜威说："好的仪表是良好教养的结果，也就是强调父母自身的教养，父母自身的仪表示范，比任何美丽的格言，都更能够对孩子产生影响。"如果家长吃饭时喜欢挑挑拣拣，那孩子会在潜移默化中接受家长的暗示，即使对自己没有吃过的东西，只要家长说味道不好，孩子就不会动筷子。时间长了，孩子就会养成偏食的习惯。

家长是孩子的一面镜子，其一言一行都被孩子关注和效仿。因此，家长要做到以下几点：

1. 要吃细粮，还要吃一些粗粮。

2. 不仅要吃肉，还要吃蔬菜。

3. 不要只吃喜欢吃的，还要吃一些对身体有利的。

4. 要吃饭，也要补充水果和鲜奶。

◆ 孩子的饮食建议多样化

6~12岁的孩子对什么事物都充满好奇，食物也不例外。每天看到同样的食物，吃同样的食物，时间一长，孩子肯定会产生厌倦感。为了不让孩子对食物产生厌倦感，家长要切记：一天中，不要做相同的食物给孩子吃。即便是同一种食物，也可以变换一些方法做或在同一道菜中加入一些其他元素。例如七七很喜欢吃面食，妈妈就变换着花样做，每个星期都可以吃到不同样式、不同口味的面食——今天担担面，明天炸酱面，后天打卤面，大后天拌面……其中，炸酱面妈妈又能做出很多花样，采用不同的配料，做出不同的配酱。做饭菜要讲究营养，更要讲究色香味。偶尔增加一些自己的小创意，随意搭配，总能俘获孩子的心。

挑食也分为严重挑食和轻度挑食。大部分情况下，严重挑食的孩子，每天仅吃几种固定的食物，其他的食物一概不吃；轻度挑食的孩子，有时只吃荤菜不吃素菜，有时只吃素菜不吃荤菜，其中以不吃蔬菜居多。有的孩子只是不吃某一类食物，如豆制品、鸡蛋；有的只是不吃某一种食物，如牛奶、葱、姜、蒜、芹菜等。对待孩子，家长要做到：具体问题，具体对待。

## "几天没洗脚了？"
### ——耐心培养孩子养成好的卫生习惯

个人卫生虽然看起来是微小的事情，却可以反映出一个人的精神面貌和生活情趣。对于孩子来说，如果个人卫生都一塌糊涂的话，那精神面貌必然会很差。不注意个人卫生的孩子，精神上也一定是散漫的，着装是邋遢的，身上总是脏兮兮的。因此，培养孩子养成良好的卫生习惯，也是家长教育孩子的一项重要内容。

由于工作很忙，在孩子过完百天后，张霞便将儿子晓晨放到爷爷奶奶家抚养，一直到上小学，才将晓晨接回。

或许是爷爷奶奶家的生活比较随意，晓晨养成了不讲卫生的坏习惯：早晨起来，他不洗脸刷牙，妈妈督促他，他就胡乱抹几下；他也不爱洗澡，在浴室待不了几分钟就会立刻跑出来；指甲长了，他也不愿意剪，指甲缝里经常是脏乎乎的；衣服脏了，不会主动换，非要等到妈妈强迫他才肯换下来……

每天早上出门时，他都穿着干净的衣服。放学回来后，他的衣服一定是脏兮兮的，污渍、彩笔，简直像是在做行为艺术……原本干净整洁的校服，没几天就被晓晨磨得又破又脏。

看到其他孩子像个小王子，而晓晨像一只灰溜溜的臭小猪一样，张霞心里有了落差。或许，她真不应该将孩子放在乡下"散养"。

为了纠正孩子的坏习惯，她开始教晓晨刷牙洗脸，但是孩子哗啦两下便完事；告诉他不要往脏的地方钻，他总是改不了，依然我行我素。最让张霞受不了的是，只要玩累了，晓晨就会倒头就睡，不洗脸，不漱口，不洗脚。每当这时，张霞都会督促他："快去洗脚，几天没洗脚了，你自己闻闻！"可是，晓晨对她的话犹如耳边风。

无奈之下，张霞只好找到做教育的老同学，让同学为自己提供帮助。在同学的帮助下，张霞每天监督和督促晓晨，并且跟他一起做。由于身体力行，晓晨渐渐有了改变。半年之后，晓晨终于变成一个讲卫生的好孩子。

案例中，晓晨不注意个人卫生，为了纠正儿子的不良习惯，张霞很是苦恼，后来在同学的帮助下，晓晨终于养成了讲卫生的好习惯。由此可见，只要给孩子正确的引导，孩子完全可以改变自己。

日常生活中，很多孩子的个人卫生意识很差。比如有些孩子衣服裤子皱皱巴巴，桌子上乱七八糟，床上宛如"杂货铺"，手上更是"精彩"，钢笔水、彩笔等混合在一起的颜色，想洗都不好洗掉。

不讲卫生，不仅无法赢得好人缘，还不利于孩子的身心健康。因此，家长一定要让孩子保持个人卫生，养成良好的个人卫生习惯。

◆ 告诉孩子不讲卫生的危害

6~12岁的孩子之所以会不讲卫生，除了受到不良习惯的影响，还因为他们不知道不讲卫生的危害。如果家长把这些危害讲给孩子听，孩子自然会懂得卫生的重要性，就不会对讲究个人卫生无动于衷了。例如，病从口入，不讲卫生容易肚子疼，甚至引发身体疾病。

小贺一点都不讲卫生，饭前不喜欢洗手，每次妈妈催促好几次，他才磨磨蹭蹭去洗。不仅如此，他平时也不喜欢剪指甲，指甲缝里总是脏兮兮的。妈妈觉得总是逼迫小贺也不是长久之计，便想出一个方法来引导他讲卫生。

这天，妈妈向朋友借了一台显微镜，并剪下小贺的指甲，放在玻璃片上，还滴了一滴水，然后和小贺一起在显微镜下观看。此时，小贺看到很多像虫子一样的微生物在水中游动，妈妈告诉小贺这些微生物就寄居在他的指甲缝中。听到这，小贺不由得打了个冷战。

妈妈告诉他："这些可怕的'小虫子'就是细菌，吃东西之前不洗手，这些东西就容易被吃进肚子里，让你的肚子疼，甚至导致身体疾病呢。"

小贺听后，点了点头。从此以后，小贺十分注意洗手和剪指甲，没有再让妈妈催促过。

为了让孩子养成讲卫生的好习惯，很多家长都会对孩子反复叮嘱。其实，与其三番五次地向孩子说明"不讲卫生，有害健康"的道理，不如直接把证据或事实摆在孩子面前。尤其是当孩子长到10岁以上时，就更需要证据或事实来说服了。

孩子最讨厌的就是家长喋喋不休的说教，当直接证据摆到他们面前时，他们就会明白，家长是为他们着想，讲究个人卫生是一件很重要的事情。

### ◆ 为孩子寻找同龄榜样

榜样的力量是巨大的！如果想让孩子养成良好的个人卫生习惯，可以在同龄人中找个好榜样，让孩子向对方学习。6~12岁的孩子都希望自己在某方面超过别人，即使不是这样，也不能落在别人后面，当他们发现身边的同龄人都讲究个人卫生的时候，就会检查自己的行为，主动改正，继而养成讲卫生的好习惯。

小静是个聪明漂亮的小女孩，但她有个坏毛病：不讲卫生，不喜欢收拾屋子。妈妈批评过她很多次，但她依然我行我素。小静很喜欢自己的表姐，凡事都把表姐当作榜样。表姐很爱干净，妈妈决定通过表姐来引导小静讲卫生。

暑假后，妈妈把小静的表姐接到家里，跟小静一起生活、一起玩。两个孩子住同一个房间，表姐每天不仅把房间收拾得干干净净，还将自己收拾得很干净。

小静耳濡目染，一个暑假过去，家长惊奇地发现，小静变得与爱整洁、爱讲卫生了。

同龄人之间的影响是巨大的，孩子们也都是在互相影响中逐渐成长的，这也是在家邋遢的孩子上了学后发生变化的一个重要原因。任何孩子都不想受到同龄人的讨厌，都想跟上同龄人成长的脚步。当发现其他孩子都干干净净时，他们也就会注意个人卫生了。

常见的不良卫生习惯包括：不洗脸、不刷牙、不洗脚、不剪指甲、用手指挖鼻孔、饭前便后不洗手、在干净的衣服上到处乱抹等，当家长一旦发现孩子出现了这些苗头，就要立即制止和引导。

## "我就没见你扫过地！"
## ——让孩子养成良好的劳动习惯

常言道："樱桃好吃树难栽，不下苦功花不开"，美好的事物只有付出相应的劳动与汗水才能获得。只有懂得了事物的来之不易，才会懂得珍惜，才能体验更大的快乐与幸福。对于正在成长中的孩子，家长千万不要过分溺爱，而要鼓励他们多参加一些劳动，如家务劳动。对孩子的劳动教育不到位，孩子就会懒于动手，懒于劳动。日常生活中，家长应多为孩子创造劳动的机会，这样不仅可以锻炼孩子的身体，还有利于孩子养成良好的劳动习惯。

小莲是一名小学三年级的学生，她学习成绩好，会弹钢琴，会跳舞，会画画……虽然她很优秀，但在家里却是个傲娇"小公主"。放学后，妈妈帮她背书包，她则到处乱跑；回到家里，妈妈帮她解鞋带，给她穿拖鞋；写作业时铅笔断了，她大喊一声，妈妈就会帮她削好；觉得口渴了，她大声喊："妈妈，我要吃水果！"听到喊声，妈妈就会立即准备水果。

一次，爸爸到外地出差，妈妈由于身体不舒服，躺在沙发上休息。没有了妈妈的照顾，小莲写完作业就在屋子里随意倒腾玩具，扔得到处都是。过了一会儿，她觉得没意思，又开始剪纸，搞得地上到处都是纸屑。

妈妈从卧室出来，看着乱糟糟的屋子，便让小莲自己收拾。

小莲却立刻拒绝，说："收拾屋子，太累了，我又不是用人。你不是说，我只负责学习吗？家务活可都是你们的，你怎么能说话不算数！"

听了孩子的话，妈妈感到很无奈："你长这么大，我从来没有让你扫过地，今天妈妈不舒服……"

"我不做，我不收拾屋子，我不扫地！"还没等妈妈说完，小莲就大声叫道。无奈之下，妈妈只好自己拿起笤帚，开始慢慢收拾房间。

一位小学老师曾经告诉我："现在的孩子都太奇怪了，床铺懒得整理，袜子懒得洗，内衣懒得换，书包懒得收拾，甚至连喝水也懒得自己去倒……"

究竟是哪里出了问题？其实，青少年缺乏积极的劳动意识，是由很多方面原因造成的，其中一个重要方面就是家庭。有的家庭经济条件越来越好，家长觉得没必要让孩子劳动；有的家长为了给孩子争取更多的学习时间，不忍心让孩子去劳动；还有些家长过于疼爱孩子，包办了除学习之外的一切事情……结果，家长的一番"苦心"却为自己埋下了"苦果"：孩子变得越来越懒惰，不懂得尊重他人的劳动成果等。

苏联著名教育家苏霍姆林斯基认为："对于孩子来说，体力劳动能让他们获得一定的技能和技巧，能进行道德教育，还是一个广阔无垠的、惊人的、丰富的思想世界。"为了改变这种现状，家长需要从细节入手，循序渐进地引导孩子，培养孩子的劳动意识、劳动观念，让劳动变成孩子的一种习惯，让孩子在劳动中得到锻炼、发展和成长。具体来说，可以这样做：

### ◆ 鼓励孩子主动劳动

美国哈佛大学教授曾做过一个实验，最后得出一个结论：爱干家务的孩子比不爱干家务的孩子，长大之后各方面都有一定的优势，如爱干家务的孩子与不爱干家务的孩子失业率比为1：15，犯罪率比为1：10。此外，离婚率与心理患病率也有一定的差别。调查还发现，无论在智力方面、家庭收入，还是教育程度上，童年时积极参加劳动的人都要高于不爱劳动的人。

参加家务劳动还关系到孩子今后的生活幸福。所以，家长要创造良好的条件，让孩子从小参与到家务劳动或其他劳动中。家长可以根据孩子的性别和年龄，让孩子帮忙分担力所能及的体力劳动，如六七岁的孩子，可以让他帮着扫扫地，收拾一下桌子，扔垃圾；八九岁的孩子，可以让他帮着洗衣服和碗筷；对于10岁以上的孩子，就可以让他学着做些简单的饭菜了。

◆ **让劳动变成快乐的游戏**

生活中，经常会看到这种情况：孩子正玩得起劲，一些家长就强行让孩子劳动，但孩子会表示抗拒。遇到这种情况怎么办？家长要巧妙地把劳动和游戏结合在一起，唤起孩子对劳动的兴趣。

对于低年级的孩子，家长可以与孩子一起玩"角色扮演"的游戏，家长可以对孩子说："妈妈来当厨师，你来当服务生好吗？现在请你把厨师做好的饭菜端出去，并把碗筷摆放好。"当孩子觉得做家务活就像玩有趣的游戏时，就会喜欢上劳动。

对于高年级的孩子，可以让孩子做一天的家庭小主人。如前一天将事情交接好，给孩子一定数额的钱，让孩子自由支配。之后，让孩子安排全家一天的饮食起居。这样，不仅可以让孩子懂得换位思考，还可以培养孩子的主人翁意识，明白"家庭责任"的含义。

除此之外，在劳动的过程中，家长应该主动开口，与孩子互动交流。可以给孩子讲故事、背古诗、唱儿歌，让孩子在劳动时，获得一个愉悦美好的体验，且在轻松愉悦的情况下，完成劳动任务。这样，孩子就不会在劳动中感觉到疲惫，反而跟家长的关系会更亲密。

在孩子的劳动问题上，我们完全可以借鉴其他国家的经验，如德国。孩子参加家务劳动，已经成为一个约定俗成的法规：6岁以前的孩子不必参加家务劳动，可以尽情玩耍；6~10岁，要承担一定的家务，可以帮家里洗刷杯盘碗碟，购买一些零星的物品；10~14岁，要整理草坪，洗衣服、刷鞋子；14~16岁，要参加宅旁园地的劳动；超过16岁，就要像成人一样参加家庭劳动了。

## "怎么老是磨磨蹭蹭的。"
## ——增强孩子的时间观念不拖拉

养成良好的时间观念，是对孩子的一项基本要求。对于6~12岁的孩子来说，时间是个抽象的概念，他们通常无法体会到时间的重要性。正因为如此，有的孩子做事情拖拉，有的孩子写作业磨磨蹭蹭……之所以会出现这种状况，主要原因在于：孩子的时间观念不强；自我控制能力比较差，一件事情还没完成，就去做另外一件事情；做事没有条理，杂乱无章。家长如果注意不到这个问题，孩子就会逐渐养成"拖拉"的习惯。

早上6点钟，妈妈就开始叫小强起床。到了6点20分，小强才磨磨蹭蹭地穿好上衣，而妈妈早已经把早餐准备好了。为了让小强上学不迟到，妈妈急忙跑到小强床前，帮他迅速地穿好衣服，然后挤好牙膏，倒上洗脸水，催促他刷牙洗脸。

6点40分时，小强坐到餐桌前。但是，他拿着一块面包，刚咬了一口，又看到旁边的玩具，就放下面包，拿着玩具玩了起来。妈妈急忙将玩具夺过来，让他赶紧吃饭，但小强居然说"不吃了"。眼看时间就要到了，妈妈只好把早餐装进小强的书包，匆匆忙忙送他去上学。小强刚进校门，上课铃就响了。

晚上写家庭作业时，小强更是磨蹭，半小时的作业得两小时才能完成，即使是选铅笔也要花费十多分钟，中途削铅笔十多分钟，用橡皮擦掉写错的地方五分钟，听屋外的声音十多分钟……

为了让小强改掉磨蹭的毛病，妈妈提醒过无数遍：做任何事情，都要有效率，磨磨蹭蹭是个坏习惯。但小强经常是对妈妈的话置若罔闻。最让妈妈抓狂的是，每天晚上写家庭作业时，两人总会因为小强的作业问题展开一场拉锯战。小强爱磨蹭，做作业总是拖拖拉拉，同样的题型，错很多遍。

不可否认，案例中的小强确实太磨蹭了，遇到这样的孩子，想必家长们都会无可奈何。其实，只要使用正确的方法，让孩子提高对时间的认识，他们做事的效率就会明显提高。每个孩子身上都会存在磨蹭的毛病，只要及时找出原因，对其进行合理的引导，积极纠正，就可以帮孩子提高做事情的效率。

孩子磨蹭的原因很多种，比如有的孩子穿衣服太慢，为了赶时间，家长就会直接帮助孩子，久而久之，孩子就会觉得，自己磨蹭没关系，反正大人会帮我；有的孩子手脚协调能力比较差，想快但快不起来；有的孩子容易受到其他东西吸引,无形中延长做事的时间;还有的孩子对某件事情不感兴趣,用磨蹭来表示反抗。

遇到没有时间观念、喜欢磨蹭的孩子,家长完全可以这样做:

◆ 给孩子买个闹钟,让他对时间有自主感

著名心理学家埃里克森认为:在幼儿阶段,如果孩子得到自我管理的机会与支持,就会逐渐发展出自主性,独立行为的能力与意志力——自由选择和自我控制行为的能力。为了有效防止孩子做事磨蹭,可以买个闹钟,让孩子来控制自己的时间,安排自己的事情。一旦对时间有了概念,孩子的时间观念就会逐渐增强,做事也不会那么磨蹭了。

◆ 采用限时法,让孩子集中注意力

仔细观察、分析喜欢拖延或磨蹭的孩子,慢慢你会发现,大多数孩子做事情通常都没有时间约束。如果孩子觉得自己有足够的时间,自然就会集中注意力去解决一个紧迫任务。

设有时间的约束,可能使孩子产生一个积极状态,也可能是一个消极状态。当孩子玩电子游戏或看电视时,很容易产生不受时间限制的感觉。尽管不受时间限制的感觉会让人感到愉悦、舒畅,但是落下的很多事情依然会把孩子拉进现实,让他们尝尽拖延或磨蹭的苦头。

限时法在一定时间内能帮助孩子快速集中注意力。在日常生活中,家长可以给孩子设立时间限制。例如,孩子出去玩时,可以提前与孩子商量,玩多长时间就必须回家;吃饭时,可以约定好一顿饭最长可以吃多久,到了时间,就将饭菜撤走;对于家庭作业,可以根据当天的作业量与孩子约定一个最后时限。

做事磨磨蹭蹭，不仅影响事情的完成，还容易养成不良的生活或学习习惯。在孩子做事时，家长一定要让孩子注意时间观念，引导他们科学合理地安排时间，有计划地利用时间，提高做事效率。

## "都11点了，还不睡！"
## ——让孩子养成良好的睡眠习惯

健康来自睡眠，长期的睡眠不足对身体的损害很大，比如思考能力减退、免疫力变差、警觉力与判断力下降、内分泌失调等。睡眠不足对儿童的伤害更大，不仅会引起上述问题，还会对孩子的生长发育造成不到影响，因此让孩子养成良好的睡眠习惯也是家长的一项重要任务。

小鱼刚升入二年级，他头脑灵活，学习成绩不错，老师们都夸小鱼聪明。但是，小鱼有个坏习惯——爱睡懒觉。

小鱼平时很喜欢看动画片，每天放学后，都是随手把书包往沙发上一扔，打开电视看动画片。直到吃晚饭时，他的眼睛才从电视离开。为此，妈妈很生气，说了好多次，但一点效果都没有。有时，妈妈会强行把电视机关掉，这个行为成了母子俩争执的导火索。

有一天，由于作业少的原因，小鱼吃完晚饭后就接着看动画片，一直看到晚上10点多，才在妈妈的催促下去洗漱，等到上床睡觉时差不多已经11点了。尽管这样，他还躺在床上翻来覆去睡不着，一会儿喝水，一会儿吃东西。妈妈担心他第二天起不来，就催促他："快点睡，都11点了！"但小鱼根本就不听，不停地折腾，直到折腾得没力气了才逐渐睡去。

第二天早晨，妈妈怕他上学迟到，就定好了闹钟，但是闹钟响了好几遍，他依然不起床。无奈之下，妈妈只能将他从被窝里拉出来。

小鱼生气地说："准许你们大人睡懒觉，我多睡一会儿就不行？"

妈妈告诉他："我和你爸爸还不到上班时间，可你已经到了上学时间！"

"那我就不上学了。"小鱼这样说，惹得妈妈很生气。

生活中，很多孩子都喜欢睡懒觉，比如早上到点了，不想起床，即使设定了闹铃，也不管用。当然，孩子之所以会睡懒觉，也不是无缘无故的，比如平时睡觉比较晚，睡眠不充足，该起床时才会赖床。正常情况下，小学生每天的睡眠时间应该在10小时左右。如果孩子每天的睡眠时间低于10小时，就会出现睡眠不足、赖床不起的情况。如果能保证孩子足够的睡眠时间，他就容易自然醒，也就不需要依靠闹钟了。

孩子睡觉时间比较晚，有的是因为看动画片或者玩游戏，也有的是为了完成家庭作业。为了保证孩子充足的睡眠，家长要培养孩子早睡的习惯，不要让孩子长时间看电视或写作业到太晚。

睡懒觉是个坏习惯，孩子不能按照良好的作息生活，会影响睡眠质量，如果睡眠质量不高，对人体精力和体力恢复都会有不良影响。对孩子来说，养成按时睡觉、早睡早起的习惯，就可以保证有足够的睡眠。因此，为了孩子的健康和良好的作息，家长要起到监督和引导的作用。

◆ **让孩子早睡早起，帮助他养成良好的作息习惯**

小春几乎每天早晨都会赖床不起，有好几次妈妈送她上学都是到点了才进班。为此，妈妈很恼火，而小春也几乎每天早晨都会挨一顿训。思来想去，妈妈认为小春早上之所以不能按时起床，就是因为晚上看动画片到太晚。

这天，小春刚吃过晚饭，妈妈没有让她像以前一样去看电视，而是带着她到小区旁边的湿地公园转了一大圈。回来后，小春觉得有些累了，妈妈便带她洗了一个澡。洗完澡后，小春感觉很困，就乖乖上床睡觉了。

由于比平时早睡一个多小时，第二天小春没等妈妈叫，就自己起床了。闹钟响了之后，她便去卫生间自己洗漱。当然，对于她的良好表现，妈妈及时进行了表扬。之后的几天，妈妈通过一系列办法让她早睡早起，渐渐地，小春就养成了早睡早起的习惯，赖床的行为没有再发生。

不可否认，小春妈妈是有方法的。她用实际行动告诉我们，与其责备孩子赖床不起，倒不如冷静下来思考一下，如何让孩子早睡早起。孩子睡眠比较充足，也就不会再赖床了。

◆ **让孩子受到适当惩罚**

美国的斯特娜夫人是一位非常有名的早期教育家，在教育女儿的过程中，发生过这样一则故事：

有一天，孩子问斯特娜夫人："我想到同学家里玩，可以吗？"斯特娜夫人说："可以，但必须在12点半以前回来。"结果，孩子比预定的时间晚回来20分钟。

斯特娜夫人看到孩子回来，什么也没有说，只是伸出手指了一下墙上的钟。孩子知道自己回来晚了，立刻抱歉地说："是我不对。"吃完饭，孩子立刻去换衣服，因为按照惯例，星期二要去看戏或看电影。

这时，斯特娜夫人让孩子看了看钟，并说："今天时间来不及了，戏和电影看不成了。"孩子很难过，但也无可奈何。斯特娜夫人没有就此止步，而是说："这真遗憾！"

"这真遗憾"，面对孩子的过错，虽然斯特娜夫人只说了寥寥几个字，并没使用其他任何处罚手段，却让孩子明白了一个简单的道理：不守时是要付出代价的。

虽然，大部分孩子的赖床是由于睡眠不足（晚睡）而导致的，但也有一些孩子是因为留恋被窝的舒适而不愿意起床，这种情况最常发生在冬天早晨。发生了这种情况，家长要如何做？家长完全可以按照斯特娜夫人的做法，让孩子为自己的错误埋单，为自己的懒惰埋单。

这种方法虽然带有一定的惩罚性，但对于"屡教不改"的孩子还是很有效的。当然，这种方法不能经常使用，否则会产生两种后果：一会打击孩子的自尊心，二会让孩子变得越来越"皮"。

饮食不当也会引起作息时间的不规律，所以在孩子入睡之前，家长不要让孩子吃夜宵，晚饭也不要让孩子吃得太饱，不要让孩子做剧烈的运动，过于兴奋，而是要让他们的大脑安静下来，逐渐进入睡眠状态。

## "压岁钱这么快就花完了?"
## ——引导孩子学会理财

  孩子们最期盼的节日就是春节,因为会收到很多长辈给的压岁钱,家长们面对这些"巨款"应该如何处理?有的家长会帮助孩子进行保管,有的家长会帮孩子开一个账户为孩子存一笔教育基金……其实,理财意识的培养,对于成长中的孩子异常重要。

  大年初一,9岁的晓丽从爷爷奶奶、姥姥姥爷手中,得到了400元的压岁钱。面对这笔"巨款",晓丽兴奋极了。看到小区内其他孩子得到压岁钱之后就把之前没有钱买的玩具买了,她也很想"潇洒"一把。于是,她走进了玩具店,花了一百块钱买了自己喜欢了很久的芭比娃娃。晓丽看着兜里剩下的钱,觉得自己还挺富有的。

  春节之后,家长都去上班了,晓丽与爷爷奶奶在家。因为收到的压岁钱比较多,晓丽想在小伙伴们面前显摆一下,就请小伙伴们吃汉堡、喝饮料,偶尔还会请同学去看电影。

  寒假快要结束时,晓丽开始准备上学需要的学习用具,妈妈提议用晓丽收到的压岁钱去买些自己想要的学习用具,还有课外书。

  晓丽听了妈妈的话,心虚地说:"妈妈,我的压岁钱还有不到五十……"晓丽小声地说着,惭愧地低着头。"不是有400吗,怎么这么快就花完了?"接着,晓丽便一五一十地将事情交代了。

  了解到这些钱的去向之后,家长才意识到自己的问题,是他们没有教孩子合理地使用压岁钱。以前他们总觉得晓丽年龄还小,就忽略了对孩子理财方面的教育。

教育孩子要合理地使用金钱，其目的不仅是为了让孩子懂得理财，还要让孩子从小养成一种节约的品质。所以，要从小对孩子进行理财教育，务必让孩子懂得理财的重要性。

正所谓：授人以鱼，不如授人以渔。家长可以与孩子商量，如何处理自己的压岁钱。可以做一个计划，如允许孩子自由购买学习用品、零食和玩具；也可以把压岁钱的一部分作为学习成绩的奖励，按照事先约定，考了好成绩或者做出贡献后，就可以限额提取；也可以鼓励孩子为公益事业做贡献或为希望工程捐款，从小培养孩子助人为乐的道德品质。

美国商业巨子洛克菲勒认为，学会理财是孩子以后创造财富的基础，也是许多优秀品质的根本。良好的财商不仅仅是一种习惯，更是一种技巧和本领，可以让孩子终身受益。对于孩子自由支配的金额，家长要经常查看，如果用得合情合理，家长可以给予肯定和鼓励。如果孩子胡乱花掉，就要指出错误，并告诉孩子乱花钱是不对的。

一般情况下，孩子到6岁时，就能够明白银行并不是"要拿走"他们的钱，而是在替他们保管钱，且每天还能得到一定的利息。家长们可以以孩子的名义去银行开个账户，让孩子掌握自己的存折，由他们全权负责，从而帮助孩子养成储蓄的习惯，使孩子学会妥善地保管钱财。千万不要认为，理财是大人的事情，孩子不需要，从而忽略了对孩子的理财教育。

◆ **让孩子学会正确花钱**

不让孩子了解家里的收入与支出情况，不利于孩子养成正确的理财观。家长要告诉孩子具体的情况，并对自己的未来做一个合理规划。

要想让孩子学会理财，首先就要让孩子学会正确花钱，比如孩子如果确实想买某件东西，价格又在自己的储蓄范围内，那就要花自己的钱；实在不够了，再向大人寻求帮助，遇到自己喜欢的东西，要让孩子多比较，慎重消费，不要冲动购物；可以做一个"账本"，每花一笔钱，都记录在上面，一段时间后，再综合统计一下，如果花得不合理，家长要教孩子如何调整，发现孩子有不合理的支出，要及时给孩子指出来，让孩子改正；也可以让孩子当一天家长，让其负责全家一天的生活，这样他们会更加了解家庭是怎样运转的，钱是怎样流动的。

◆ **为孩子开立银行账户**

帮孩子储蓄，一般家长都会先从储蓄罐开始，如让孩子把零花钱分成三份，分别在3个罐子里：第一个罐子负责支付日常开销，购买生活必需品；第二个罐子里的钱作为短期储蓄，为购买比较贵重的物品积攒资金；第三个罐子里的钱则是用于长期储蓄，积累到一定的金额时再存到银行里。

为了鼓励孩子存钱，家长可以陪着孩子一起去银行存钱，并以孩子的名义开一个账户，让孩子自己保管。

不要在孩子面前回避金钱，孩子在三四岁时，就会对家长谈论的金钱问题有一定的意识。在好奇心的驱使下，有些孩子可能会问家长一些金钱方面的问题，这是一个机会，家长可以以此来引导孩子树立正确的金钱观。

# 第三章　培养孩子的规则意识，少些训斥孩子也会照样听

> 想让孩子遵守规矩，按照规则办事，家长的训斥、打骂并不能达到理想的效果，反而还会引起孩子的反感。为了引导孩子树立按规则做事情的意识，家长应该平等地对待孩子，从而让孩子明白规则的重要性。

## "不遵守交通规则会堵车，大家都走不了！"
## ——让孩子体会不讲规则的危害

公共交通在我们日常生活中扮演着重要的角色。然而，随着公共交通的发展，越来越多的交通事故开始出现在我们面前。由于年龄的限制，一些孩子们对安全还没有直观的认识和了解，时常会做一些危害自身安全的事情，如闯红绿灯。这时候，家长就要对孩子进行引导和告诫：出门要遵守交通规则，不然会付出沉重的代价。

爸爸骑着自行车送儿子上学，骑到十字路口时红灯亮了，爸爸停下车，耐心等待绿灯。虽然马路上并没有多少车辆，但是爸爸依然没有闯

红灯,只是在静静地等待。坐在后座上的儿子很不情愿,嚷嚷道:"爸爸,你快骑过去呀,现在没有车,前面的人都过去了!"

听完儿子的话,爸爸笑着摸了摸他的头说:"儿子,要等到绿灯亮起后才能走,红灯亮时要停下来。"

儿子着急地说:"爸爸,你可以灵活变通一下呀,红灯亮了也照样可以过去,为什么必须等绿灯?再说了,这么做可以节省很多时间呀,我上课都快迟到了。"

送完儿子后,父亲仔细想了想儿子的话,觉得儿子的想法太危险了,必须让儿子意识到不遵守交通规则的严重危害,于是他从网上搜集了很多相关的资料与图片。

晚饭过后,谈到早上的事情,儿子对妈妈说:"妈妈,爸爸早上去送我上学,都不懂得变通。"

妈妈听了儿子话,语重心长地说:"无规矩不成方圆呀,如果每个人都不遵守规矩,那这个世界就乱套了。"

这时,爸爸拿出电脑,把整理的图片和资料全都摆在孩子面前,说:"儿子,你觉得爸爸不懂得变通,那你有没有想过,如果所有人都这样变通,会发生什么?会堵车,甚至会发生车祸!出了交通事故,是谁的过错呢?你看,这些全是不遵守交通规则发生的意外,其中有很大一部分都是儿童。"

儿子看着这些照片与资料,害怕地对爸爸说:"那我们遵守交通规则,是不是就不会发生这种事情?"

爸爸说:"是的。"

儿子抱着爸爸说:"幸好,我们遵守了交通规则,我以后一定要等绿灯亮了再过马路。"

为了让孩子遵守交通规则,爸爸在网络上找了图片、资料,这些直观的图片,增强了孩子的安全意识。

每个人的生活都离不开交通,6~12岁的孩子同样如此。比如上下学、出门在外等,都需要遵守交通规则,忽视了这一点,很容易将自己置于危险的境地。因此,家长应关注交通安全,并对孩子进行安全教育。

通常,发生交通事故的原因主要有以下几种:走路精神不集中,例如戴着耳机听歌过马路;为了赶时间,走路速度太快;缺乏耐心、不愿意多等几秒,贪图方便;意识不到交通规则的重要性,觉得不遵守交通规也不会发生什么严重后果。

家长都希望孩子可以健康成长,不希望看到任何意外发生。因此,家长就要对孩子进行安全教育,让孩子随时保持警觉。切记:不要觉得孩子长大了,自己自然会明白安全的重要性。其实,只要孩子还未成年,身为监护人的家长就必须对孩子的安全负起责任。

◆ 从细节做起,遵守交通规则

人身安全,对于6~12岁的孩子来说是件大事。为了提高孩子对交通安全的认识,家长要引导孩子正确认识交通安全的重要性,并且要认真观察孩子的行为,时刻提醒与教育。

当然,培养孩子遵守交通规则的意识,要从细节做起。比如在没有行人的十字路口,只要红灯还亮着,就要等一等,直到绿灯亮了才能走。同时，家长要将安全意识落实到日常生活中，告诉孩子如何正确地走路、骑车、乘车，遵守交通法律法规等；同时要告诉孩子平时不要在公路上玩耍，过马路需要注意左右来往车辆，确保交通安全。

◆ **指导孩子规范交通行为**

引导孩子遵守交通法规，规范自己的行为，是个艰难而漫长的过程，家长不仅要多一些耐心，还要多一些细心，要从一点一滴的小事上规范孩子的交通行为。

1. 教会孩子安全走路。要告诉孩子：行走时，要走人行道，且要靠右行走；过马路时，要保持精力集中，要做到"眼观六路，耳听八方"；不横穿马路，不翻越护栏；不能闯红灯，不能进入标有"禁止行人通行""危险"等标志的地方。

2. 要告诉孩子：不能在马路上或公共场所追逐打闹，这不仅影响车辆正常运行，也会给人身安全带来威胁。

家长要让孩子牢记：不要乱穿马路，步行时要在人行道上走，如果没有人行横道就要靠路右边行走；横过马路必须走斑马线；千万不要在马路上嬉戏打闹、踢球、追车、扒车、强行拦车或抛物击车，不能妨碍交通；在机动车行驶的过程中，不要将身体的任何部位伸出窗外，不要妨碍驾驶员正常驾驶；不要翻越马路上的交通隔离设施；不满12岁，不能在马路上骑自行车；不能在人行道或者马路上学习骑自行车。

## "咱们一起制订生活表吧！"
## ——和孩子一起制订一份规则表

法国大文学家巴尔扎克有一句名言："有规律的生活是健康与长寿的秘诀。"世间万物都是按照既定的规律生存与运行的，孩子同样需要规律的生活，例如按时吃饭，按时睡觉；按时读书，按时做作业，按时娱乐游戏，按时运动等。家长应该有意识地规范孩子的生活，帮助孩子养成良好的生活习惯，如引导孩子制订一份生活规划表。

小姚长得眉清目秀，一双大眼睛配上白皙的皮肤，很是可爱。但是，她的表现却一点都不可爱。

每天早上，她都是匆匆地跑进教室，时不时地还会上演个百米冲刺，不然就会迟到；上课时睡眼惺忪、注意力不集中，对什么事都没有兴趣，虽然她比较聪明，但学习成绩却差强人意。不仅如此，她课桌上的书本总是摆得乱七八糟，抽屉里更是乱成一团，经常会找不到东西。

老师经过一番观察和了解后才得知，原来她的爸爸妈妈平时工作忙，对她缺少陪伴，小姚基本上想做什么就做什么。她写作业的时候，总会走神，作业从来没有按时完成过；她喜欢边吃东西边看电视，吃一顿饭的时间比全家人吃饭的时间加起来还要长。甚至连上床睡觉也是一拖再拖，不困到"头点地"坚决不睡……

当老师将这一情况反映给小姚的爸妈后，他们这才意识到了问题的严重性。为了让孩子的生活变得更加规律，妈妈思考了很久，对小姚说：

"小姚，你已经是个五年级的小学生了，作业比以前多了很多，为了有更多的时间休息、玩耍，我们一起制订一个生活表吧！你不是总说作业多吗？制订一份生活计划表，就可以更高效地完成作业，又不耽误休息时间和自由活动时间。"

小姚听到妈妈这么一说，点了点头说："好。"

生活就像是一部不停运转的机器，只要其中一个小环节出了问题，所有进度都会被搁置，整部机器也就成了废铁，再高级的功能也没了用武之地，因此各就各位、各司其职是很重要的生活原则。

生活中我们经常会看到这种场景：全家人都围坐在电视机旁观看节目，孩子总是不愿意一个人去睡觉，而是希望与大家一起结束一天的生活；早晨，家长早起准备早餐、要送孩子去幼儿园时，孩子却睡不醒，家长催促也没什么效果，最后只能把早饭装进孩子的书包，午休时，有的孩子又跑又跳，结果整个下午都没精打采……

生活规律紊乱，对孩子的身体健康有着很大的危害。6~12岁的孩子正处在生长发育的关键阶段，按时吃饭，体内可以正常地分泌消化液，使食物中的营养成分得到充分消化与吸收。这样，孩子游戏和学习时，就可以使神经系统的相应部位保持兴奋，就可以表现得精力充沛。孩子在睡眠时，由于大脑得到了充分休息，体内会分泌大量的生长激素，身体才会不断长高。反之，假如这些规律被打乱，孩子的健康成长就难以得到保证。

要想引导孩子有规律地生活，家长需要帮助孩子制订一份生活规则表，让孩子严格按照表格做事，慢慢地，他们的生活也就会变得规律起来。

◆ 与孩子一起讨论并制订规则

在孩子的生活中，规则的来源一般有两种：其一，大人为孩子制订的规则，主要是一般的生活作息，还包括很多学校的活动规则；其二，孩子之间制订的规则，主要是孩子与小伙伴制订的开展各种活动的规则，例如游戏活动的规则。

事实证明，孩子自己制订的规则更容易得到执行。而且，执行规则还体现了一种责任感，不需要别人提醒，孩子也能坚持做。对于6~12岁的孩子来说，活动规则和活动本身就像是睡觉时需要闭上眼睛一样自然，一旦规则遭到破坏，孩子就可以自行处理。

在制订规则时，家长要从孩子的角度、需要和特点出发，并且要时刻注意制订规则是一种协商，而不是强制性命令。协商是双方一起参与的过程，通过沟通、协调、理解，达成一个共识。而命令代表的是"权威"一方的强制行为，其结果一般有两种：一种是孩子无条件地服从，一种是孩子进行对抗或根据情绪的不同而采取不同的行动。显然，这些是家长不愿看到。所以，跟孩子通过讨论一起制订规则，不仅是对孩子的尊重，也更有利于规则的制订。

◆ 为孩子制订指导日常事务的规章制度

6~12岁的孩子成长还不成熟，对他们来说，可预知的世界是最安全的。家庭日常生活制度的制订，可以有效避免家务事被打乱，是一个省时省力的好方法。要精心为孩子建立一个日常制度，把一天的时间安排得合情合理，让学习、休息、劳动、娱乐要交替进行。

一天的安排如此，一天和一天之间也要具有连贯性和一致性。例如，睡觉时间、起床时间、吃饭时间、做作业时间等，这些事情都需要按照一定的制度行事。

当然，在制度订立之后，还要有个试验期。在试验过程中，如果发现有欠妥的地方，就要及时进行修正。制度虽然已经确立，但也不是一成不变的，而是要尽量使制度变得灵活一些，使之符合家庭活动的变化和孩子发育的要求。

制度制订后，家长要认真地督促孩子，如果孩子不自觉，可以适当在旁边提醒一下，时间长了，自然就可以养成习惯了。

规则和规矩的含义相近，都是一种规范孩子行为的标准或准则。从小培养孩子的规则意识和遵守规则的能力很重要，站在家长的角度上看，问题不在于制订了什么样的规则，而在于这些规则的依据是什么，怎样让孩子理解这些规则，并身体力行地执行。

## "刚制订的规则，就违反！"
## ——制订了规则要严格执行

规则就是规定出来供人们遵守的制度或章程，而规则意识就是遵守制度或章程的良好态度和习惯。规则意识比较强的人，自律精神也很强，比较容易适应群体生活；规则意识比较弱的人，不仅会影响到他人，还会对自己造成负面影响。既然制订了规则，就要让孩子严格执行，如果孩子不遵守，家长就要想办法引导孩子遵守规矩。

小美刚上二年级，就喜欢上了吃零食。每天放学回来，她都要吃上很多糖果。为了让小美改掉吃过多零食的坏习惯，妈妈偷偷将糖果藏了起来，但小美却一直苦苦央求妈妈给她甜食吃。

妈妈和小美约定，每天只能吃一块糖果，小美爽快地答应。但当她吃完一块时，又习惯性地拿起了第二块，正要打开袋子，妈妈走过来说："我们约定好的，只能吃一块，刚制订的规则，就违反？"

小美知道自己刚刚答应了妈妈，但又有点儿不甘心，于是就开始耍起赖来，希望妈妈可以妥协。开始时，妈妈坚决不同意，可是看到女儿哭哭啼啼的样子，她实在不忍心，就打破了刚刚制订好的规则。

一天晚上，小美一边看电视，一边吃糖果，爸爸看不过去了，问道："又违反规则了？"妈妈说："不让她吃，她就哭，真是没有办法。"

爸爸不高兴地说："哭是没有用的，制订了规则就要严格遵守。"听到爸爸这样说，妈妈也决定不再姑息小美。就这样，制订好的规则又继续执行下去。

第二天，小美放学回来又要吃糖果。妈妈铁下心来，任凭小美哭闹，都不答应。小美看着妈妈丝毫没有松动的样子，觉得哭闹没用，渐渐地便不再哭闹了。

后来，这个规则被严格执行了下来，小美再也没有因吃不到糖果而号啕大哭过。

案件中，小美爸妈的做法是正确的。既然已经约定好了规则，就要认真执行，不执行，这样的规则等于没有制订。

在我们身边，很多孩子的要求得不到满足时，就会大哭大闹，有的孩子甚至会用激烈的行为表示抗议，达不到目的就誓不罢休。这时，一旦家长心软，对孩子妥协，制订好的规则也就作废了。其实，只要家长再坚持一下，孩子完全有可能妥协。

家长给孩子立规矩，最困难的部分在于执行。如果家长心太软，规矩也就形同虚设。例如，去商场之前和孩子说好不能买零食，结果孩子看到零食就不断哭闹。为了不让自己尴尬，有的家长就会妥协，给孩子买了零食。结果，以后不论怎么事先做好思想工作，孩子还是会用哭闹的方法来解决问题。这样，制订好的规则也就作废了。要知道，规则的制订从来都是为了执行。离开了执行，规矩的设定也就失去了意义。所以，家长在和孩子一起制订好规则后，必须严格按照规则来办事。

◆ 详细制订规矩，用奖励引导孩子遵守

有些大人总是担心孩子受委屈，对孩子的不合理要求，就会答应下来，用"下不为例"来"警告"孩子，让孩子下一次不要再这样做了。可等到了下一次，家长还是会满足孩子的不合理要求，再次用"下不为例"来回应孩子的不合理要求……长此以往，孩子做事便没有了"规则"，做错事也不会悔改。为了提高孩子的执行效果，家长要为孩子制订一个详细的规则，明确告诉孩子：什么东西该要，什么东西不该要，哪些事情能够做，哪些事情不能做。

把规则认真仔细地罗列出来，不仅可以约束孩子的行为，让孩子变得守规则，同时，家长也可以用适当的奖励来引导孩子遵守规则，当孩子因遵守规则而拿到奖励，内心就会产生深深的满足感。例如，当孩子想要某件玩具时，家长要告诉他：完成某件事后，才能给他买玩具。这样孩子就会知道，只有达成一个目标，才能拿到玩具，从而珍惜"得来不易"的东西。但是，家长不能借规则来欺骗孩子，答应孩子的事情要办到，这样才能让孩子体会到"规则"的重要性，从而认真遵守。

◆ 执行规矩时，孩子再闹也不妥协

本来已经给孩子制订了规矩，但是在执行时，一看到孩子大哭大闹，有些家长就会放宽规则，做出妥协。其实，孩子之所以哭闹，有时是为了引起大人的关注。

每个孩子都希望得到大人的关注，在日常生活中很多家长对孩子缺乏关注，例如在陪孩子玩耍时表现出不耐烦的样子，一边做自己的事情，一边敷衍孩子……为了引起大人的关注，孩子就会使用一些手段，来试探的大人底线，如哭闹。此时，如果家长妥协了，孩子的目的就达到了，以后更会得寸进尺。

执行规定时，当要求没有得到满足时，有些孩子就会心生不满，撒泼打滚。作为家长,容易心软是正常的,但是不能因为一时的心软就放任孩子或放宽规则,成为孩子的俘虏。

## "昨天睡晚了,扣除一朵小红花!"
### ——孩子违反规则要惩罚

"没有规矩不成方圆",没有规则意识的孩子,在与同龄人交往中,会遇到很多挫折,没有规则意识的孩子,交往会遇到很多困难。

为了帮助孩子树立起规则意识,家长就应该引导和帮助孩子制订规则,且严格按照规则来办事。当孩子遵守时,家长要给予鼓励;当孩子违反了规则,家长要给孩子适当的惩罚。

晚上9点小诗还在看动画片,妈妈催促她早点睡觉,小诗却说:"等动画片完了,我再睡。"妈妈无奈,只好答应。但是,动画片又播放到了下一集。妈妈看到小诗根本没有想要停下来的意思,就强行拉起她:"9点半了,明天还上学,赶快睡觉!"小诗和妈妈撕扯着。

小诗虽然上了床,但依然跟妈妈做对,睁着眼睛躺在那里,就是不睡。爸爸听到母女两人的争吵,走了过来。了解了事情的大概后,爸爸对小诗说:"既然已经规定好了晚上睡觉的时间,就要严格执行。既然如此,咱们这么办:如果一周之内,完全按照约定来做,爸爸就奖励你一朵小红花,积累到一定数量,就可以换得一套漫画书。"

"真的?"小诗想到自己一直想要的那套漫画书,高兴地问爸爸。

"当然。但是前提条件是，必须每天都坚持，否则就扣掉一朵小红花，缺一个都不行。"爸爸一脸严肃地说道。

第二天，写完作业后，小诗又开始看动画片。很快，时间到了9点，妈妈督促小诗："9点了，该关电视了。"但是，电视正播到小诗最喜欢的地方，她早就忘了前一天跟爸妈的约定，央求道："妈妈，我再看一小会儿，就一小会儿。"妈妈没说什么。

第三天早晨，妈妈一边帮小诗整理东西，一边提醒："昨天晚上到9点没有关电视，晚睡了10分钟，扣除一朵小红花。""可是，就晚了10分钟，能不能不扣？"小诗有点后悔昨晚上多看了一会儿。"当然不能，爸爸前天不是和你说好了，既然约定好了赏罚规则，就要严格遵守，不遵守，制订奖惩规则还有什么意义呢？"

本来已经给孩子制订好了规矩，但孩子总是违反，这时就要进行必要的惩罚。在家庭教育中，家长不忍心惩罚孩子，只会让孩子失去对规则的敬畏。如果能够像案例中的家长一样，当孩子犯了错误，及时地做出惩罚，孩子也就知道违反规则的后果了。

任何规则的执行都应该有赏有罚，这也是督促孩子养成良好规则意识的好方法。

缺失了惩罚这一个环节，规矩的执行就会大打折扣。只有让规则和惩罚保持一致，才能让孩子将规则执行到底。因此，作为家长，在孩子执行规则时，就要做到"惩罚"和"规则"并行。

◆ 惩罚孩子，要就事论事

捷克教育家夸美纽斯认为："犯了过错的人应当受到惩罚。"孩子没有按照规矩做事，按照约定，要给孩子做出惩罚，但惩罚的时候也要就事论事，要给孩子指出：究竟错在哪里，不能在感情上惩罚孩子。

6~12岁的孩子通常比较敏感，都很在意家长的态度或情绪，家长给他们冷脸，孩子的情绪就会受影响。尤其是，当他们认为错误是自己造成时，更会感到内疚和自责。批评孩子时，让孩子认识到他们犯的错误对别人造成的伤害，有些家长会说：你这样做，妈妈不高兴，或爸爸生气。这种方式，看起来似乎有效果，孩子也可能会后悔难过或哭泣，或请求家长的原谅。但是，家长的态度更会让孩子感到伤心难过，从而忽视了自己犯的错。

同时，更不能因一件事情的错误而牵扯到其他事情，如看到孩子穿衣不整洁，就将孩子说得一无是处；看到孩子欺负了同学，就骂孩子"丢人""完蛋了"……

批评孩子时，首先要明确告诉孩子：他到底是哪里做错了，这样做的后果是什么，千万不能由一件事牵扯到另一件事，或对孩子进行情感上的惩罚。只有这样，孩子才会更容易接受你的批评，改正效果也会变得更好。

### ◆ 批评的最终目的是让孩子不再犯错

6~12岁的孩子，还不具备严密的逻辑思维，需要在不断的尝试中慢慢成长。很多时候，他们之所以会犯错，就是因为自己确实不知道究竟什么是正确的，什么是错误的。因此，除了批评，必要时，还要告诉孩子究竟如何做才是正确的？如何才能正确地改正错误，才能避免犯错。

比如，本来要求孩子要跟同学和谐相处，但是当同学跟孩子借课外书的时候，孩子却不愿意借，显得很小气，这时候就可以直接告诉孩子："同学之间相处都是相互的，只有懂得分享，别人才能在你需要帮助的时候帮助你。如果这本书你已经看完了，完全可以借给同学，跟同学约定个时间，让同学归还。"这样，孩子也就知道该如何做了。

家长一定要明确，之所以要批评孩子，目的就是为了孩子不再犯错。惩罚不是单纯的惩罚，只是为了让孩子明白什么是不能做的，让他们对自己的行为负责，从而使自己得到成长。

孩子天生都非常敏感，很在意家长的态度或者情绪，惩罚孩子的时候，一定不要怒气冲冲，要控制好情绪。同时，也不能因为当时的一个小错就牵扯到其他事情，否则会增加孩子的愧疚感，还会让孩子变得更加不自信。

## "今天是周末，可以吃点零食。"
### ——遵守规则也要灵活一点

为了让孩子养成良好的习惯，有些家长会专门和孩子约法三章，例如不能吃零食，晚上要按时睡觉，一天要读多少课外图书，每天看电视不能超过半小时等。但是，当遇到突发事件时，家长会怎样处理呢？是完全按照规矩执行，还是稍微灵活一些呢？

小琪今年8岁，上小学二年级。小琪从小就喜欢吃零食，冰箱里摆满了家长给他买的小零食，如巧克力、棒棒糖、薯片、饼干等。每次吃饭的时候，小琪都不好好吃，而是饭后吃些零食，之后再洗漱、上床、睡觉。

为了让小琪少吃零食，妈妈与小琪约定：每天只能吃一块巧克力；饼干、薯片每周只能吃一次；棒棒糖，两周吃一颗……刚开始，小琪向妈妈保证肯定能够做得到。但一到了晚上，小琪就缠着妈妈想吃薯片、饼干，妈妈严厉地拒绝了他。

小琪看到妈妈的态度这么强硬，就哭哭啼啼的，还要和妈妈理论。妈妈没有作声，也没有去给小琪零食，而是顺手给小琪削了一个苹果，温柔地说："零食没有营养，对身体不好，还容易变胖。如果真饿了，就吃个苹果。"

"我不要吃苹果，我要吃薯片！"小琪哭喊着，妈妈把苹果放在一边，就继续忙自己的事情去了。小琪看妈妈不搭理自己了，只能拿起桌子上的苹果吃了起来。

第二天，小琪还是很想吃零食，但一想起昨天晚上妈妈的态度，就打消了念头。一连五天，小琪都没有再向妈妈要零食。

周末的晚上，小琪和妈妈正在看电视，妈妈拿了一包薯片，对她说："今天是周末，可以吃一点点零食。看在你这周表现良好的份上，算是奖励。"小琪高兴极了，一边吃零食，一边向妈妈保证："以后我周一到周五不吃零食了，我会坚持的。"

执行规则时，家长要注意弹性。也就是说，给年龄比较小的孩子定规则，不能完全限制孩子的自由，要让他在一定的规则范围内去做。比如，有些孩子不听话，不让他玩水，他非要玩水；不让他摸沙子、摸土，他偏偏往沙子、土堆里面凑。这个时候，家长可以换一种思路，不妨等他玩够了之后再跟他讲规则。

当规则制订得太严格，孩子根本无法做到时，规则也就成了一种压力与负担。家长要明白：严格制订的规则如同一件很紧、很硬的衣服或盔甲，尽管对人有一定的保护作用，但也会让人感到不舒服、不自在，甚至想要挣脱。而有弹性的规则像宽松的外套，比较舒服自在，可以实现温暖御寒的作用，人们往往更愿意穿。

在生活中，如果规则的制订具有弹性，执行起来很轻松，孩子执行的主动性就会增强。孩子愿意接受这种规则，从而会把规则当成是一种习惯。因此，在给孩子执行规则时，家长不能死板地进行硬性的规定，而是要学会与孩子进行真诚的对话，尊重他们。

◆ 规则的执行要多一些人性和柔和

只有懂得迂回变通的家长，才能赢得孩子的认可。

为了规范孩子的行为，给孩子制订规则，应该具备一定的弹性。例如看电视，即使跟孩子约定好了看电视的时间，但如果遇到了孩子喜欢看的节目，孩子想多看一会儿，不妨满足孩子的要求；即使跟孩子约定了玩电脑的时间，但如果他要多玩一会儿，也不妨满足一下他；如果孩子喜欢吃肯德基、麦当劳，你却觉得这些食物不健康，但他如果想吃，也可以偶尔带他去吃；说好不会给孩子买太多的玩具，但如果孩子想买某个洋娃娃，也不要总是拒绝；冬天一般不吃雪糕，但如果孩子偶尔想要吃个小甜筒，也可以给他买一个……规则设定的比较有弹性，在执行的时候，孩子也可以得到适当的心理满足，他才能更加配合你。

其实，大人也喜欢这种自制的方式，谁都想适当地放纵一下，随意一些。灵活的规矩，不会让自己感到不适。人类由于天性使然，对越是没有的东西，越想要，越要拼命争取。孩子也是如此，不让他做一件事情，他通常都会去做。如果目的轻松达到了，他的愿望的实现就没原来那么迫切了。相信孩子，也相信自己，给孩子偶尔一次"放纵"并不会养成什么坏习惯。

◆ **给孩子一定的自由和空间**

家长要理解和尊重孩子，在引导孩子遵守规矩时，给孩子一定的自由，更有利于家庭关系的稳定，有利于孩子的健康成长。

孩子毕竟不是成人，他的心理世界很单纯，家长不能用对待成人的方式来教育孩子，例如给孩子规定了睡觉时间，当孩子还想再多玩一会儿时，可以适当地多给他一点时间，但要明确告诉孩子：我们很爱你，但你也要尊重我们，尊重规则。

适当满足孩子的要求，就是尊重孩子的要求。这相当于家长给孩子做了一个示范，孩子也会给家长回馈，会更容易尊重家长的"要求"。家长们要明白，孩子也是懂得感恩的，当他的某些需求得到了满足，他就会回馈你乖巧、懂事。

孩子的情况各有不同，家长制订的规则也要有所不同——要根据孩子自身的特点来制订规则，这样，孩子就会比较容易接受规则。比如有的孩子养成了按时入睡的习惯，而有的孩子精力比较旺盛。遇到精力旺盛的孩子，家长可以多想一些办法，而不要一味地强制孩子按时入睡。

## "只给老人让了座，怎么不扶一把？"
## ——改善孩子的行为，但不追求完美

在孩子成长过程中，孩子表现出来的各种"过错"，都会被家长轻易捕捉到，从而被批评或耐心教育。然而有的家长，会将孩子的一些正常表现当作是缺点。实际上，在教育孩子的过程中，家长不需要用放大镜来看孩子的问题，更不能用完美主义心态来对待孩子。明智的家长知道，对孩子的问题太过苛责，不仅解决不了实质问题，还会打击孩子的自信心，造成亲子关系紧张。

杨颖是一位音乐老师，女儿刚出生没多久，她就不断地给女儿听各种音乐。女儿稍微大一点，就对音乐表现出很高的悟性。杨颖很高兴，发誓一定要让女儿在音乐上有所建树。她给女儿买了钢琴和相关的书籍，准备好好培养。然而，从那以后，女儿的音乐水平再也没有实质性的提高。一首曲子，只要稍微复杂点，女儿就不知道该如何弹奏了。

杨颖每次教女儿学习新曲子，女儿都要咬嘴唇，在那里做沉思状。杨颖想不通，问女儿："你到底在想什么啊？我让你弹，你弹就行了，想就能想出来了？"女儿随即开始弹起来。杨颖一听，觉得自己教给女儿的那些技巧，她一点都没有掌握："你怎么就这么笨，不长脑子！我不是告诉过你了吗，先要这样，弹完这一组之后立刻回来，你究竟学了什么？"

杨颖对孩子要求很严格，不仅对孩子学业、音乐要求完美，连一些生活小事都要求女儿做到极致。一次，杨颖与女儿坐公交车去听音乐会。走到一半时，上来一位老奶奶。公交车上已经没有座位，女儿赶忙站起来说："奶奶，您坐这儿来吧。"老奶奶坐下后，表扬了女儿一番。

母女二人下车后，女儿发现妈妈不高兴，刚想说话，杨颖就问："你刚才在公交车上的行为，我不是很满意。"女儿表示疑惑，说："妈妈，老奶奶一上来，我就起来让座了呀。"

"你的确是让座了，但老奶奶那么大岁数了，你怎么不扶一把？万一摔倒怎么办？"女儿听了妈妈的话，觉得很委屈，她觉得妈妈说得不对，明明自己做了好事，妈妈不但没表扬她，反而批评她。

相信很多孩子都不喜欢杨颖这样的做法，因为她对孩子要求严苛，不管什么事，不管孩子能否做到，都要求孩子必须做到完美。看起来，她似乎是为了孩子的未来着想，但其实是对孩子人生的一种不负责任。对孩子要求过于苛刻，这样只会让孩子时时刻刻被批评和埋怨包围。长期下去，对孩子的自信心是一种打击，会使他们做每件事之前都会在潜意识中产生诸如"我笨""我不行""别人就是不喜欢我"之类的想法。这是一种不健康的思想，对孩子没有任何好处。

要想帮助孩子摆脱自卑情绪，首先就要改变自己对孩子的态度，重树孩子的自信心，让孩子学会自我肯定。要知道，孩子不是为了家长而活，要让孩子以自己喜欢的方式生活，保持孩子的天性。所以，在孩子成长的道路上，家长教给孩子怎样寻找快乐远比苛求孩子完美更有意义。

◆ **不为孩子做完美规划**

为了让孩子少走弯路，很多家长都会花很大力气为孩子规划完美人生，他们觉得只有这样，孩子才会获得幸福。其实，这仅仅是家长的一厢情愿罢了。

"完美规划"中的孩子，会觉得"自己只有表现良好，才会被他人接纳"；"成绩必须名列前茅"，家长才会多爱我一点；"在比赛中，我一定要赢，不能输！"……家长对孩子的要求高一些本无可厚非，但爱是不能用其他东西衡量的，要求孩子完美，就会让孩子错误地认为：爱是需要用某些"成绩"来换取的。所以，家长们要明白：只有孩子敢于选择自己想走的路，并经历成功或失败，开发自己的潜能，才能获得真正的幸福。

参加考试，不要强迫孩子考试成为年级第一；参加比赛，不要强迫孩子非得前三名不可；中考，不要强迫孩子一定得考上重点高中；高考，也不要逼着孩子考重点大学。

◆ **不必一味地批评孩子**

格力总裁董明珠从来都不会指责儿子，在孩子的成长过程中，几乎从没打过孩子一次。有一次,儿子把董明珠一块手表弄丢了,姥姥很生气,问董明珠:"这么贵的手表,孩子弄丢了,你都不批评他?"董明珠说:"骂他,也不能找回来了。"董明珠认真地告诉儿子:"这是我用多年积蓄才买的一块手表。"儿子心里明白了。之后,儿子每次出门时都会把家里的电、水等仔细检查一遍,心也更细了。

孩子犯了错误,不要一味地批评,更不能"实话实说",甚至还讽刺挖苦孩子。

虽然家长的意见与看法有时仅仅是一时的有感而发,但对孩子来说,有可能是一种负担。每个孩子都希望自己成为一个被欣赏、被肯定的人,希望可以得到家长的肯定。此时,家长要让孩子明白:对别人的评价要做适当的取舍;可以逐渐完善自己,但不能苛求自己完美。

苛刻太多,对孩子的成长不利。过度指责孩子,会伤害孩子的自尊心,让孩子止于向前,甚至造成破罐子破摔。家长要改变自己的教育方式,帮助孩子建立起自信心,多关注孩子平时的行为,让孩子成为更优秀的人。在生活中,家长要多鼓励孩子,给孩子充分的信心。如果孩子态度消极,就要帮助他们摆脱消极情绪,鼓励他们快乐地生活与学习。

# 第四章　鼓励孩子培养良好的学习习惯，不打不骂孩子依然听

> 学习，是孩子的主要工作之一。为了让孩子取得理想的成绩，家长都会给孩子提各种各样的要求，通常孩子都会照做，当然偶尔也会发生"不听话"的情况。为了帮助孩子提高学习效果，明智的家长都会将正确的方法教给孩子，比如提高听课效率，将作业当作一种乐趣，懂得劳逸结合，认真对待考试，不逃课等。要切记：打骂孩子，只会让孩子更加厌恶学习。

## "你怎么上课老是不注意听讲？"
### ——引导孩子提高听课效率

对于6~12岁的孩子来说，学校一天的生活主要是听课，他们在老师的引导、帮助下进行学习。在这个过程中，提高听课效率，是提升学习质量的关键。孩子不认真听课会带来很多问题，比如跟不上学习进度，无法独立完成作业，考试成绩不理想等。由于年龄的原因，很多孩子对这些问题很可能认识不清，如果家长因此打骂孩子，只会让孩子更受伤。

因此，家长正确的做法应该是：提醒孩子，上课要认真听讲，引导孩子养成认真听课的好习惯。

小豆今年6岁，是一个性格活泼、倔强的小学一年级学生。由于小学不同于幼儿园，幼儿园的游戏时间多，而在小学课堂上，需要安静地稳坐45分钟，对于活泼好动的儿子，妈妈有些担心。

不出所料，开学后的两个月，班主任跟小豆妈妈反映：小豆上课时，喜欢说话，做小动作，还影响其他同学。

知道了小豆在学校的情况，回家的路上，妈妈问小豆："我今天终于知道你为什么每次写作业都那么费劲了，上课不认真听讲，肯定写不好作业，你上课怎么老是不注意听讲呢？"小豆支支吾吾，不知道该如何回答。

为了改变小豆这一行为，妈妈决定让他亲自体会一下不认真听课的坏处。

一次，小豆放学回到家，立刻钻进了自己的房间。片刻之后，小豆又从房间里走出来。然后，又走进去……反复几次，妈妈问："怎么了？"小豆说："我忘了老师留的作业是什么了。"

妈妈觉得，这次正好是教育小豆上课认真听讲的机会。于是便说："怎么办？看来只能打电话问问同学了。"

小豆给同学打过电话后，才知道了当天的家庭作业内容。妈妈说："看看，上课不认真听课，连作业都记不住，以后听课可要认真一点。"

经过这次教训，小豆果然好好听讲了，再也没有出现不认真听讲的情况。

同样的老师，同样的45分钟，不同孩子的收获却大不相同，这是因为有的孩子上课注意听讲了，而有的孩子没有注意听讲。孩子学习效果的好坏，课堂听课效率是关键。有的孩子，回家之后就投入题海当中，除了作业还是作业，效果也不见好；而有的孩子，课后该玩就玩，兴趣一大堆，成绩照样不错。

对于孩子来说，听课是获取知识、发展智能的主要途径，也是培养良好的学习习惯、掌握正确学习方法的重要桥梁。从某种意义上讲，学习质量的高低，主要取决于课堂上听课效率的高低。要想提高听课的效率，就要认真做好各种准备，将心、眼、耳、手、脑、口、笔等充分利用和结合起来。

学生的学习过程可以大致分为三个环节：课前、课中、课后。如果说课前预习可以借助于现代化的辅助工具，那么课堂就只属于老师与学生了。课堂是老师与学生交流互动的平台，充满了人性化的关爱，老师的一个鼓励眼神、一个友好的微笑、简短的几句表扬，抑或同学间的相互交流、相互竞争、相互帮助等，都是任何现代工具都比不了的。

作为家长，一定要想办法，引导孩子提升课堂效率。具体来说，可以从以下两方面进行引导：

◆ **让孩子养成复习和预习的好习惯**

随着年级的逐渐升高，知识量也会越来越大，要想让孩子多理解、联系与思考而非单纯地死记硬背，就需要引导孩子做好课前预习。

课前预习，可以发现新课中的难点，等老师在课堂上讲到相关内容时，孩子就会格外注意。这不仅有利于孩子掌握每节课的基本内容，还能让孩子快速跟上老师的讲课思路，并积极回答老师的提问，从而保持积极的听课状态。

有些孩子经常抱怨说："预习重要是重要，可作业都做不完，时间那么紧，哪有时间预习？"不可否认，孩子学习很紧张，但优秀生和中等生的一个显著区别就是：前者做作业的速度快、质量高。在同样的学习时间里，他们会留出10~30分钟的时间进行预习。有了前期认识，课堂的听课效率自然不会低，作业速度也会加快很多，这样，预习的时间就节省出来了。

另外，在听课后，还要及时复习。每天写完作业后，要让孩子将当天所讲的主要内容复习一下，了解自己究竟掌握了哪些，哪些知识点还没有掌握或者没有理解。发现问题后，就可以及时进行补救了。及时复习当天学过的内容，养成复习习惯，是每个孩子需要做的事情。

◆ 让孩子保证听课效率

会学习的人，都会保证课堂的高效。如何才能提高课堂听课效率呢？

1. 集中注意力。孩子课堂效率不高的一个重要原因是：孩子上课喜欢东看西看，注意力容易分散。因此，家长要从这一点开始，引导孩子学会听课。

2. 让孩子跟着老师的思路走。每个老师讲课都有自己的思路，只有跟着老师的思路走，跟着老师一起思考，一起想问题，才能掌握课堂重点，才能提高听课效果。

3. 认真完成课堂作业。课堂上，为了检查学生对知识的理解，老师会给学生布置一些课堂作业。因此，孩子要认真对待，因为课堂作业最容易发现知识点的欠缺。

上课听讲，记笔记是必不可少的，但是如何记笔记呢？一般要遵循记笔记的"三原则"：宁可记不全，也要先听老师讲课的内容；课本上讲述详细的内容，不用做详细的笔记；不抄板书，重点记老师的分析思路与解题方法。

## "做作业怎么老是拖拖拉拉的！"
## ——让孩子将做作业当作一种乐趣

下班回到家，家长们跟孩子说的第一句话通常都是"作业做完了吗？"但是，6~12岁的孩子一般都喜欢玩，很少能主动写作业。看到孩子没完成作业，家长有时会很生气，忍不住批评孩子。孩子虽然不敢直接顶撞家长，但也会表现在行动上，如做事磨磨蹭蹭的。

这样的情况，不仅会让亲子关系变得紧张，导致问题无法解决，还会给彼此徒增烦恼。如果想让孩子提高做作业的速度和质量，家长就要让孩子体会到做作业的乐趣。

小俊已经一个人在书房待了两小时，妈妈打算给他送杯牛奶进去。但是，当她推门走进去时，却发现小俊正在呆呆地坐在桌子前，不知道在想什么。

妈妈走近些，看到桌上摆放着一个作文本，上面只写了一个题目。小俊双手托着脑袋，妈妈以为他在思考，不忍心打扰，轻轻放下牛奶就转身走了出去。

很快，已经到了晚上10点，儿子依然没有出房间。

"五年级作文，有这么难吗？"妈妈有些疑惑，她推开书房门问小俊："都10点了，还不睡？"

小俊说："作业还没写完呢。"

妈妈说："两小时前，你就在写作文，怎么现在还没有写完，是因为题目难吗？"

小俊不好意思地说："不难。"

妈妈问："那为什么拖了这么长时间？"

小俊说："刚才我构思作文时，想起了咱们去年到天津旅游的事情了，还翻出当时的照片看了看……结果，时间就晚了。"

听到儿子的解释，妈妈说："写作业还在想着其他的事情，难怪写不完，以后可不能这样了。"

生活中，很多孩子写作业都是拖拖拉拉的，除非家长在后面督促，他们才会加快速度。而有些孩子，即便家长在后面监督，他们也不会加快写作业的进度。之所以会出现这种情况，其中一个原因就是孩子对学习不感兴趣，或是对作业内容不喜欢。

孩子还小，他们做事时，很多时候都是根据个人好恶来判断事情要不要做。让他们去做自己没有兴趣的事，他们自然也就不会乐意。而对于自己感兴趣的事，他们的主动性就会很高。

为了督促孩子学习，有些家长做起了"陪读"。只要孩子一做作业，家长就坐在一边陪伴，监督孩子或者给孩子指导。这种方法，虽然可以防止孩子做作业时三心二意，但依然是治标不治本。

孩子们都喜欢玩，更喜欢做自己想做的事情，只要孩子对作业感兴趣或者体会到了做作业的乐趣，他很容易就会喜欢上做作业。那么，如何才能让孩子发现作业的乐趣呢？可以从以下两方面努力：

◆ 提高做作业的兴趣，适当进行娱乐教育

彼特罗是一位令人称道的好父亲，他培养孩子的信条就是：给孩子最大的自由，让孩子发展自己的兴趣。6岁时，儿子达·芬奇上学后，在学校里学了很多知识，但对绘画最感兴趣。一天，他上课不专心听讲，给老师画了一幅速写。回家后，达·芬奇把速写给父亲看，父亲不仅没有生气，反而夸奖他画得很好，此后，父亲决定好好培养他在绘画方面的才华。从此，达·芬奇全身心投入到了自己喜爱的绘画中。之后，父亲将他交给了画家维罗奇奥。在维罗奇奥的指导下，达·芬奇掌握了很多绘画技巧，最终成为一代大画家。

家庭教育最重要的是培养孩子的学习能力和学习兴趣，而不是过早地强调死记硬背。如果说学习能力和学习兴趣是"网"，那么知识就是"鱼"，其中的道理显而易见。"授之以鱼不如授之以渔"，要想让孩子提高做作业的兴趣，就要让孩子感受到做作业的乐趣。

同时，生活中家长还要抓住有利时机，将学习内容融入到现实生活中，融入到娱乐和游戏中，比如问答式、猜谜法、比赛法学习等。例如：在孩子学习了"升"和"毫升"容量单位时，家长可以跟孩子比赛，看谁能在最短的时间里在家里找到容量多于一升的容器。这样，既可以让孩子学到知识，又能增加孩子做作业的兴趣，从而提高做作业的效率。相反，一味地采用刻板的做作业方法，只会让孩子疲惫。一旦做作业变得生动而有趣，孩子就不会讨厌做作业了。

◆ 作业辅导要掌握一定的方法技巧

如果想让孩子提高作业效率，家长在辅导孩子作业的过程中，就要掌握一定的方式、方法：

1. 找出疑难问题，复习旧知识要联系新知识。年级越高，作业可能也会相对越多，为了让孩子提高作业效果，就要让孩子找到知识的重点。遇到不会做的题目，要先想想，考核的主要知识点是什么，如果需要联系前面学过的旧知识，就要让孩子将新旧知识联系起来，引导孩子将所学知识融会贯通。这样，孩子不仅了解了新知识，还复习了旧知识。比如：学了《一幅名扬中外的画》后，如果遇到"挑"字的注音题，就可以同时让孩子将"挑"的其他读音找出来并组词，经过前后联系，孩子也就掌握了"挑"这个多音字的读音。

2. 将学习与休息结合起来。孩子的注意力集中时间相对比较短，一般在 30 分钟左右，做作业时要让孩子注意休息，大脑长时间处于紧张状态，也容易疲劳。因此，学习一段时间后，家长就要让孩子站起来活动一下，让大脑获得片刻的休息。当然，也可以让孩子做些轻微的体育锻炼。此外，还要让孩子保证足够的睡眠，及时给孩子补充营养。

孩子不爱做作业可能缘于以下原因：读书是一种惩罚；读书对我没有好处；读书是爸妈强迫我做的事情；读书要做的功课我不懂；做作业我就没时间玩了；做与不做都没所谓，反正老师都不看；不做作业爸妈会更加紧张，更关心自己。一旦找到了孩子不愿意做作业的原因，家长就要采用合适的方法来对孩子进行引导。

## "学累了，就出去玩一会。"
## ——鼓励孩子劳逸结合

让孩子不分昼夜地苦读，孩子很容易感到疲劳。这时，他们就会出现注意力不集中，记忆力下降，大脑反应迟钝等情况，从而导致学习效率下降。如果家长再对孩子恶言相向，结果就更糟糕了。

因此，家长千万不要强迫孩子盲目苦读，要给他们留出一定的放松时间，让他们懂得劳逸结合。

"小斌，起床了……"每天早上7点，小斌都会被妈妈从香甜的睡梦中叫醒，然后磨磨蹭蹭地穿衣、洗漱、吃早餐。之后，又急匆匆地去上学。

小斌学习很刻苦，上课会认真记笔记；中午来到学校，其他同学都在说话,他会拿出书本看书;放学回到家,他吃完饭就开始做作业,直到深夜。结果,他每天上学都会顶着一双黑眼圈,同学们都叫他"熊猫"。虽然付出的时间和精力远比同学多,但他的成绩却始终排在中游。

下午放学后,小斌不仅要完成老师留的作业,还要到一家培训机构学习英语。每个星期三、五的晚上还要学奥数。除了这些外,周六日还要学两小时的钢琴。

在期末考试前,因为天气热,加上过度的劳累,小斌晕倒在课堂上。为了恢复身体,他休息了整整一个多月。

妈妈这才意识到自己对小斌太苛刻了,给他安排的学习任务太重了。妈妈决定改变教育方法,不再逼着小斌上辅导班,还劝小斌:"学累了,就出去玩一会儿。"

到了暑假,除了基本的学习外,妈妈给小斌留了很多活动时间,允许小斌做自己想做的事情。令人意外的是,这个改变竟然让小斌的学习效率提高了很多。

学习成绩本身不与学习时间成正比,让孩子花费太多的时间去学习,没有自己的空闲时间,不仅无法提高孩子的学习效率,还会让孩子对学习产生一种厌恶感,得不偿失。

如今很多孩子都生活在"4+2+1"的家庭模式下,肩负着爷爷奶奶、爸爸妈妈两代人的厚望,承受着父辈不曾承受过的学习压力。上学时,肩上背着沉重的书包;放学后,又将自己封闭的房间里"一心只读圣贤书。"有些孩子甚至还被家长"陪读",注意力稍有转移,就会被批评,晚上要学习几小时,高年级的孩子甚至还会学习到深夜。

长时间的学习，孩子的大脑会处于疲劳的状态，轻者会表现出情绪躁动、忧虑、怠倦、无聊等问题，严重的还会产生厌学、敌对等情绪。这些，不仅会降低学习效率，还对孩子的身体健康产生危害。如果发现孩子已经学习了一段时间，家长就要让孩子进行适当活动，使他们脱离学习状态，让大脑得到休息。

注意劳逸结合，是孩子生理发育和心理发展规律的客观要求，不能顾此失彼。一味地要求孩子努力学习，而不顾孩子的身心健康，更容易耽误孩子的发展。学得好，玩得也好，才是真正的会学习。

### ◆ 引导孩子充足睡眠

小可从小跟爸爸妈妈来到了上海，并在当地的一所小学上学。靠着几年的努力，爸爸妈妈小有所成，还在上海买了房。小可体谅大人的辛苦，学习也很勤奋，尤其崇尚古人"头悬梁，针刺骨"的苦学精神，虽然刚上三年级，但她每天都要熬夜到凌晨一点多，结果小小年龄就长了白头发。

小可每天的睡眠都不足5小时，课堂上经常犯困但不敢打瞌睡，只得强打精神。有一次，小可实在坚持不住，不知不觉地睡着了，结果脑袋一下砸在课桌上，同桌被吓得一声尖叫，随即引来全班哄堂大笑。

一个人的精力就像弹簧一样，在它的弹性限度内拉开，手一松，就会弹回去，回复到原来的正常状态。用力无限度地拉，一旦超出了弹簧的弹性度，再松开手，就无法复原了。

看到孩子白天学习，晚上还贪求灯下用功，家长看在眼里，以为孩子在用心学习，比较上进。但其实，一直看书到深夜，孩子会因为过度疲劳而影响学习效果。睡眠不足，熬夜学习，时间长了不但学习效果会下降，身体也会累垮。因此，如果想让孩子提高学习效率，家长就要引导孩子保证充足的睡眠，比如回家后，让孩子抓紧时间写作业，晚上早点睡觉。

◆ **让孩子学会放松**

为了缓解学习的疲劳，在学习一段时间后，家长要让孩子离开书本活动一下，获得片刻的放松，比如可以出去呼吸新鲜空气，吹吹风，可以到小区里玩一项自己喜欢的活动，还可以跟他人聊聊天。如果不想出去，也可以在家里做些简单的体育活动，比如身体前后弯曲、用力伸腿、伸臂、头绕圈、深吸气、抖手、随意走动等，也可以播放几首喜欢的音乐。

当然，家长要注意，放松的时间也不能太长，否则思路很难被拉回来。大量数据显示：当一个人活动时间长时，即使停下来开始学习了，也很难进入学习状态。

最好的时间应该用来学习，而不是做其他事情。休息、打球、做家务等消耗的时间不是浪费时间，但要分得清什么是黄金时间，如孩子学习的黄金时间在上午，就不能让其在上午洗衣服、打扫房间等。很多事不是不做，但要放在合适的时间做，这才是正确的选择。

## "跟老师对着干，对你没好处！"
## ——让孩子从老师的角度思考问题

有些孩子喜欢跟老师对着干，老师让他做这个，他偏要做那个，只要老师一批评他，他就会想出办法来报复老师……当知道孩子和老师作对时，家长就对孩子批评和指责，甚至狠狠地给予惩罚，压制孩子等。但其实，这样的做法是不对的，明智的家长会引导孩子，让孩子站在老师的角度来考虑问题。

小阳是小学五年级的学生，他不喜欢自己的老师。他总是说：听不懂数学老师讲课；英语老师长着一张猴子脸，尖嘴猴腮，看着不舒服；语文老师总是给他们讲道理，似乎只有她才是正确的，其他人都不对……

妈妈知道后，对小阳的学习状态产生了担忧。为了不让孩子落在其他孩子后面，妈妈给小阳报了课外辅导班，结果小阳几乎把每门课的老师都"得罪"了一遍。

第一学期期中考试，小阳数学又考砸了。伤心之余，小阳分析了整张试卷，发现自己主要错在知识点掌握不牢。小阳回想自己复习过程，每次看到难点就一带而过，似乎不愿意多做停留，虽然自己知道那一段知识欠缺很多。

妈妈问他是怎么回事。小阳说："我想到了原来的数学老师黄老师。"因为数学无法跟上实验班的节奏，小阳上学期末从实验班转到了普通班。以前在实验班，黄老师每次考试都会进行成绩排名，小阳总是排在后面。黄老师在班上总是说，学不好就是努力不够。有时生气了，黄老师会花一节课的时间去批评一个同学。

妈妈听着小阳埋怨的话语，知道儿子喜欢和老师对着干，自己考不好，总是怪老师，晚饭后妈妈和儿子进行了一次长谈，并一再告诉小阳："跟老师做对，不是说你多有个性，而是不明智的。跟老师作对，对你没好处！"

案例中，小阳特别喜欢跟老师作对。数学学习遇到问题，他感到异常郁闷，但是没被数学老师理解，反而遭到指责和批评，而他却不敢说。孩子一般都尊重教师的权威，他们会将因老师批评而产生的负面情绪压抑下去。当他们回忆知识时，负面情绪也会如影随形，孩子往往就会感到十分难过，会感到心里不平衡。

在学校里犯了错，受到了老师的惩罚，有些孩子并不会向家长如实地反映情况，有时会说是老师处理不当。过分宠溺孩子的家长就会跟孩子一起指责老师，甚至跑到学校里与老师大吵一番。这样做，只能让结果变得更糟。

小学阶段的孩子，对周围事物的认识往往有偏激的一面，很容易以自我为中心，只会站在自己的角度看问题。如果家长发现孩子对老师有了怨言，不能仅听孩子的一面之词，而要引导孩子站在老师的角度体会老师的情绪和难处，让孩子学会为老师着想。

在引导孩子尊重老师的同时，还要鼓励孩子有自己的想法，勇敢向老师提问题。想化解孩子跟老师之间的矛盾，明智的家长都会这样做：

◆ **让孩子体验老师的角色**

很多时候孩子之所以不体谅老师，是因为他们根本就不知道老师的辛苦。如果家长想让孩子对老师有同理心，就要引导孩子体验一下老师的角色，感受一下老师工作的不易。

比如家长可以让孩子在周末进行角色扮演，充当老师，用课堂上学习到的知识教家里人。家长如果有不懂的，就可以跟孩子虚心请教，并让孩子设定多长时间教会什么内容，达到何种状态才可以毕业。在学的过程中，家长要不时地提一些问题或者创造一些问题，让孩子来解答，让孩子来感受学生的"难缠"。

这样，孩子就能了解到老师工作的特点，增加对老师的理解，继而喜欢并欣赏自己的老师。同时，孩子感受到了老师工作的辛苦，也会明白教学工作的特点和难处，更容易将心比心。

◆ **提高孩子的抗挫折能力**

有些孩子之所以总是跟老师对着干，主要是因为承受挫折的能力比较弱。有些孩子只要一挨批，就觉得受不了，就会觉得老师是故意为难自己，就会从心理上对抗老师。因此，想减少孩子跟老师的对抗，也可以从提高孩子的抗挫折能力入手。

1.引导孩子正确对待失败。很多时候，给孩子带来最多打击的都不是失败本身，而是孩子对失败的理解。比如孩子没被选上课代表，他觉得原因可能是"我不如其他同学"。这时，家长就要及时安慰孩子："失败并不可怕，只要勇敢，一定能做好"。在生活中，家长要有意识地将孩子的失败作为教育契机，引导孩子鼓起勇气、自信地尝试。

2.正确评价孩子。每个孩子都有自己的长处与不足，如果家长只看到孩子的优点而无视他的缺点，孩子就会对自身的不足缺乏认识而骄傲自满，无法接受失败。如果对孩子抱有不切实际的期望，会增加孩子的心理压力，使孩子不敢面对失败。当然，如果总是贬低孩子，同样也会伤害孩子的自尊。孩子缺乏自信，会逃避困难以求避免挫折。

孩子的年龄越大，好奇心和求知欲就会越来越强烈。如果家长和老师对孩子表现出来的好问行为表现得十分不耐烦，简单粗暴地回答孩子的问题，孩子的需要得不到满足，就会出现一些抵抗情绪，甚至他们会认为家长或老师不喜欢自己，从而对自己不自信。

## "你怎么能作弊！"
### ——引导孩子考出自己的真实水平

说到考试打小抄，相信家长们都会显得很无奈。事实告诉我们，校园中的作弊行为，屡见不鲜。调查研究发现，升入高年级后，作弊、抄袭的学生会陡然增多，超过一半的孩子会在考试中作弊。

当你发现自己的孩子考试作弊，就要做出正确的引导和帮助，使他们认真对待考试，会的就是会的，不会就是不会，争取考出自己的真实水平。

下午放学后，小斯的神情有些落寞，不像平时那样高兴。她低头小声对妈妈说:"妈妈,下周一我们老师请你去学校一趟。"说完,小斯低头不再说话。

看着女儿的表情,妈妈知道一定发生了什么事,她轻轻地摸着女儿的头发,问:"怎么了?"

小斯说:"今天上午数学考试,我打小抄了。有一道题我不会做,偷瞄了同桌几眼,抄了他的答案,结果被老师发现了……"

听完小斯的话,妈妈有些生气,因为这个问题,她已经被叫到学校好几次了,大声说:"你怎么又作弊?"

看着妈妈生气的样子,小斯有些害怕,小声说:"考试分数少了,您会生气,我不想让您生气。上次,我语文成绩没达到90分,您大发雷霆,狠狠地批评了我一顿,我不想再挨批,想考高分。"

妈妈听着女儿的哭诉,竟然有些自责。心想女儿进入小学后,自己对女儿的要求都比较严格,要求小斯每次考试都要达到90分以上,少一分都要受到惩罚,可能要求太严格,才让女儿萌生了作弊的念头。

妈妈语重心长地说:"虽然我很重视你的分数,但是更希望你做个诚实的孩子,跟作弊得来的高分比起来,我更喜欢不作弊的真实分数。"接着,妈妈又说:"我知道,以前对你要求太严,从今天开始,我不会再将分数作为衡量标准,只要努力学就行。"

听了妈妈的话,小斯点了点头。

说起考试作弊,相信不少家长都会十分头疼。有些孩子为了考高分,遇到不会的题目,就找旁边的同学抄答案,或者提前准备好资料,遇到相应的题目,就直接抄上去……有些孩子甚至还会因自己的作弊成功而沾沾自喜。其实，靠作弊取得的成绩都是不真实的，并不能反映出一个人的真实水平。

创新工场董事长兼首席执行官李开复对考试分数也有着自己的独特见解，他曾对女儿说："成绩是虚荣的人用以吹嘘和慵懒的人所恐惧的无聊数字而已，而你既不虚荣也不慵懒。"要知道，比分数更重要的是健全的人格、优秀的品质。但是，还是有不少家长依然认为孩子的学习主要体现在考试上，成绩的好坏就是能力的高低。有些家长看到孩子考试成绩不理想，就大发雷霆，结果，孩子迫于压力，就不得不采用作弊的手段来考取高分。

对于小学生来说，考试作弊并不是件光彩的事，但是作弊也并不是不可改变的坏习惯。所以，家长只要发现孩子有了作弊的苗头，不妨先静下心来，看看孩子为何会作弊，然后再对症下药。

◆ **给孩子适中的奖励和目标**

为了鼓励孩子考取好成绩，有的家长会许诺孩子一定的奖励，比如考100分，暑假就去海南游玩。不可否认，将成绩和奖励挂钩，有时确实能收到良好的效果，但家长给予孩子的奖励要适中，过分地用物质、金钱来刺激孩子，很可能让孩子曲解了学习目的，让孩子为了物质奖励而学习。为了得到诱人的奖励，有些孩子因为成绩上不去，就会想到作弊。其实，带孩子去旅游、爬山、逛公园、看电影，也是奖励孩子最适当的方式。

此外，为了减少孩子作弊的毛病，家长还要给孩子树立一个合适的目标。切记：目标不能太高。如果超出了孩子力所能及的范围，孩子就会觉得实现起来很困难，但他们又想获得家长的表扬，或者不被打骂，这就会导致孩子作弊。

◆ **正确看待分数**

接到老师的电话说儿子期末考试作弊后，张女士很震惊。老师说，儿子考试作弊不是一次两次了，希望家长重视。儿子从学校回来后，张女士严厉地批评他，并跟他讲述了作弊的坏处。但是，儿子不仅不听，还振振有词地说："你不是喜欢好成绩吗？"张女士被儿子问得一时无话可说。

家长太过重视成绩，孩子下意识就会觉得成绩重要，为了让家长放心，他们会努力考出成绩。

如果家长将分数看作是评价孩子、奖惩孩子的标准，看到孩子多考了几分就欢天喜地，少考了几分就唉声叹气，这必然会将孩子引入分数误区。想让孩子减少作弊的可能，家长就要正确看待孩子的成绩。

孩子作弊，很大一部分都是因为自己没有自信。作为家长，要多关注孩子的闪光点，帮助他树立信心，让他享受成功的快乐。从心理学的角度来讲，每个人的能力各有不同，有的偏向于逻辑思维，有的偏向于形象感知，有的在数学方面完全不通，却在音乐方面有着惊人的天赋……只要发现了孩子的特长并加以强化，让他享受到成功的快乐，孩子就会觉得原来自己也很优秀，原来自己并不比别人差。

# "语文成绩怎么老是这么差!"
## ——积极引导孩子各科均衡发展

有些孩子之所以成绩不高,大多是因为有偏科的情况。他们遇到自己感兴趣的就学,遇到不感兴趣的就放弃;喜欢某个老师就好好学,讨厌某个老师就不学。偏科对孩子的影响不言而喻,如果发现孩子有偏科的现象,或者某一科目出现了短腿,家长就要多跟孩子沟通,看看原因出在哪里,有什么办法可以帮到孩子,既不能任由孩子来,也不能采用暴力的方式教训孩子。

佳佳升入五年级后,便出现了严重的偏科现象。其实,在三四年级时,妈妈就发现她语文成绩较差,只不过没太在意,结果升入高年级,问题更严重了:数学可以得满分,语文却总在六七十分之间徘徊。

五年级第一学期期末考试,佳佳的语文成绩一如既往考得很低,妈妈担心地问:"语文成绩怎么老是这么低?"佳佳坦率地回答:"我对语文不感兴趣,虽然你给我买了很多语文方面的资料,但我确实不喜欢。"

其实,佳佳是个比较自觉的孩子,学习基本不需爸爸妈妈操心,但同时有个缺点,就是上课要看老师。遇到自己喜欢的老师,上课就特别主动,听课也认真;遇到不喜欢的老师,听课状态就不好,久而久之就会影响到这门课的学习状况,最终影响到考试成绩。由于语文老师年龄比较大,教学方法相对比较死板,佳佳很不喜欢。

孩子之所以要学习各门功课,不仅是为了掌握多学科知识,更是为了培养综合应用能力。社会进步和科学发展对孩子的能力和智力提出了新的要求，不同的学科在孩子的培养能力和开发智力过程中发挥着不同的作用。任何课程学得不好，都无法形成完整的知识结构，都会影响孩子将来的发展。

小学阶段属于基础教育，只有学好各门功课，才能为未来的学习打好基础。现实中，很多孩子都有严重的偏科现象，调查显示：约有21%的小学生有偏科现象。笔者认为，孩子偏科越早发现越好。家长只要正确引导孩子，找到孩子弱势科目形成的原因，就可以避免把早期的学科弱势发展成偏科。

孩子学习偏科的原因有很多，家长要从孩子的实际出发，找到孩子偏科的原因，然后根据不同情况，采用不同的解决方法。在这里，笔者给家长介绍以下两种方法：

### ◆ 不要让孩子否定自己

佳佳的数学成绩一点都不好，这种情况一直延续到四年级。为了提升她的数学成绩，妈妈给她报了很多辅导班，每天除了家庭作业，佳佳还要做一些课外练习，这使得她筋疲力尽，结果，提升效果并不明显。

认真思考后，妈妈发现，佳佳并不是逻辑推理能力差，而是形象思维较弱，看到题目不是想怎么解决，而是先在内心否定自己，不敢尝试。妈妈想尽一切办法鼓励她，让她重新找回自信。

孩子偏科有很多种原因，并不能单纯地用学习不好来概括。如果孩子否定自己，总是觉得自己学不好某个科目，自然就会影响到后面的学习。因此，纠正孩子偏科的一个重要方法就是，让孩子学会肯定自己。

1.认真倾听孩子。如果孩子表达想法，家长要认真倾听，不能随意打断孩子，更不能不理会，否则会让孩子感到自己不受尊重。认真聆听孩子的讲话，孩子就能感受到自己被他人重视。

2. 及时肯定赞扬孩子。孩子如果在某方面有了进步，家长就要及时肯定、赞扬孩子，比如过去英语不好，如今英语成绩提高了，家长就可以对孩子提出表扬，时间长了，这些表扬和鼓励就会转化为孩子的自我肯定。

3. 认可孩子努力的态度。在孩子尝试做某件事时，不管成功与否，家长都要在情感上支持孩子，认可孩子努力的态度和过程，让孩子内心感受到家长的爱。假如看到孩子失败就叹气或露出失望的表情，那么孩子就会因害怕失败而不敢再次尝试了。

◆ 帮孩子解决学习中的实际困难

学习中孩子遇到了困难，家长要给予帮助，尤其是小学低年级的孩子还没有养成正确的学习习惯，家长更要及时给予帮助。如果孩子有偏科现象，家长可以与任课教师联系，商量解决方法或者给孩子补习功课，争取在最早的时间将孩子的偏科现象消除掉。

孩子预习时，如果遇到不理解的，搞不明白的或者根本就不会的，家长要帮助孩子，比如预习英语，孩子如果不会读，家长就要教孩子认读。

孩子做作业时，遇到不会做的题目，如果他们向家长寻求帮助，家长要及时给他们进行方法上的引导。

孩子如果不会写作文，家长要将作文的简单框架告诉孩子或者给他们买些作文参考书，这样成绩就容易提高了。

对于孩子比较弱的科目，家长要注意把握好"度"。如果一开始便在弱科上投入大量时间，可能会让孩子对这一科目产生排斥心理。为了避免这种情况，家长要为孩子制订一份时间表，让孩子有针对性地查漏补缺。

# "今天怎么又逃学！"
## ——让孩子爱上学校不逃课

现代社会，小学生的逃学现象并不少见。为了将逃学的孩子重新送回学校，有些家长会采取各种手段，有的甚至强迫孩子进入学校。事实证明，强迫孩子上学，会让孩子厌学。逃学，是对学习的一种逃避，孩子只有主动上学，爱上学校，学习成绩才有可能提高。因此，当发现孩子出现了逃学情况时，家长要用平和的心态，引导孩子，让孩子重新回到学校。

8岁的小萱是一名三年级的小学生，虽然只有三年级，但她十分讨厌上学，总会想办法找理由不去学校。平常，小萱经常说自己身体不舒服，以此来逃避上学。有一次，她不想上学，就对妈妈说肚子痛，要妈妈帮她请假。还有一次，学校里进行体育比赛，小萱报了60米短跑，结果轮到她的时候,她突然蹲下,说自己腿疼,吓得老师立刻抱着她去了医务室,结果到了医务室,她却说"不疼了"……

随着自己渐渐长大,为了不上学,她的鬼点子越来越多。"六一"前夕,小萱告诉妈妈:"今天不上学,老师说放一天假。"妈妈没有多想,以为学校真的放假了,也就没说什么。结果到了中午,老师打电话给小萱妈妈,问小萱为什么没有去上学。此时,妈妈这才知道小萱说了谎话,学校根本没有放假,于是批评道:"你今天怎么又逃学?"小萱看着妈妈的眼神,有点害怕,她跟妈妈解释说之所以要逃课主要就是想在家好好玩一下。

还有一次,小萱让同学捎给老师一张假条,说妈妈病了,要在家陪妈妈。老师觉得小萱很懂事,晚上还特意打电话来夸奖小萱。结果,妈妈接了电话,说自己根本就没生病,而小萱也按照正常时间上下学了。此时,她们才发现,小萱又逃学了……

不可否认,遇到像案例中的小萱一样的孩子,很多家长可能都会生气。但是,当这样的孩子一次次地逃学,家长到底怎么办?

通常,孩子逃课主要原因有:孩子活泼贪玩,而学习却要受到纪律约束,需要付出意志努力,是一种艰苦的脑力劳动,因此,他们更喜欢玩,所以逃课。当遇到有趣的事情,加上其他孩子一怂恿,孩子就忘乎所以地到学校外面痛痛快快地去玩了。

孩子心理承受能力比较弱,有时也会因为对学校生活感到恐惧而逃学。比如,老师常用罚站、批评等方式对待孩子导致孩子不喜欢班主任;孩子胆小,在学习经常受其他同学的欺负,不敢告诉家长,为了躲避同学的攻击,只好逃学;有的孩子成绩比较差,压力大,对学习失去了兴趣,丧失了学习信心,因而走上了旷课、逃学之路。

孩子逃学并不是无缘无故的,家长要仔细分析孩子逃学的原因,找到问题的根源,只有这样才能采取合理的方法引导孩子回归学校。

◆ 孩子逃课,不妨来个"冷处理"

孩子旷课、逃学确实令很多家长感到头疼,只要一听说孩子逃课了,多数家长都会批评孩子一通,不管原因如何。然而,这只能增加孩子的厌学情绪和逆反心理,甚至还很可能将孩子原本不多的求学热情"扫荡"得一无所有。

发现孩子旷课、逃学时,家长最好先来个"冷处理",先平息心中的怒气,然后再跟孩子谈心,弄清楚孩子不愿上学的动机和原因是什么。接着,针对孩子的问题进行引导,给孩子摆事实讲道理,跟他们说清楚学习的重要性。

总之,发现孩子逃课时,家长一定要让自己冷静下来,先进行"冷处理",然后再解决问题。尤其是当孩子到了高年级,家长就更不能采用粗暴的方式来应对孩子的逃课问题了。

◆ 给孩子一点自由支配的时间

有些孩子之所以要逃课,还有可能是因为家长将孩子逼得太紧了。如果确实如此,就要对孩子放松一些,比如给孩子一点自由支配的时间,让孩子去休息、娱乐或发展自己的爱好。一旦需求得到满足,他们也就不会逃课了。

孩子,不仅要学习,更需要自由和娱乐,家长不能对孩子限制得太多，甚至连正常的文娱活动都剥夺。假如孩子一点儿时间都没有，没有一点儿自主权利，他就可能通过旷课、逃学等方式来为自己赢得时间，偷偷地发展自己的兴趣爱好。

在日常生活中，家长要做到下面几点：

1. 放学回来，可以先让孩子在小区玩一小时，不要强迫他一放学就立马写作业。如果有同学跟孩子住在一个小区，尽量不要阻止他们在一起玩。

2. 写完作业，如果还有空余时间，可以让孩子自由支配，如玩游戏、看电视等，不能压制孩子的热情。

3. 周末时，可以带着孩子到外面玩玩。紧张学习了一个星期，周末痛痛快快地玩，更容易让孩子大脑得到休息，还可以让孩子享受游玩的乐趣。当然，有些男孩喜欢足球之类的，也可以让他们周末找同伴去玩。宁可让他们生龙活虎一些，也不要成了"小绵羊"。

6~12岁的孩子由于涉世未深，同龄人又都是"半幼稚"的孩子，如果在交友上出现偏差，很容易交上"坏朋友"，如爱旷课、逃学的朋友，孩子因此而受到不良影响。因此，家长一定注意孩子交友的对象。如果发现孩子与其他孩子一起旷课、逃学，就应该与其他家长及老师联合起来，共同纠正孩子的旷课、逃学行为。比如，一起请家庭教师为孩子补课，一起进行文体活动，订立互相促进计划等。

# 第五章　培养孩子良好的品格习惯，少操点心孩子也懂事

> 健康品格的养成，需要在生活中潜移默化地进行，有些家长看到孩子表现不好，就生气，看到孩子不如别人，就瞎操心……这对于问题的解决毫无益处。孩子跟大人之间是平等的，家长要用平和的心态，引导孩子，教育孩子，让他们从内心深处感受到你的爱。无端操心、打骂孩子，只会让孩子离你越来越远。

## "你居然把我的话当耳旁风！"
### ——积极引导并培养孩子的责任感

责任感，是孩子长大后在社会上立足的重要品质。对于小学阶段的孩子说，责任心是他们健全人格的基础，是能力不断提高的催化剂。即使孩子顶撞了你，也要让自己平静下来，用自己的爱心、耐心和智慧去培养孩子的责任心。

晓妞虽然已经是四年级的小学生了，但她一点儿责任心都没有。一天早上，晓妞对妈妈说："妈妈，今天我们大扫除，轮到我扫地了。"

顿了顿,晓妞又说:"可我不想扫地,一扫地就尘土飞扬的,吸到肺里不好,会特别不舒服。你能不能给老师打个电话,说我今天不舒服,让老师把这个工作给别人。"

听了晓妞的话,妈妈无奈地摇了摇头。

晓妞不仅在学校如此,在家里也是这样。星期五,老师给学生布置了一个任务,让孩子们在双休日时到外面找春天,并把看到的以及听到的画下来。为了配合女儿完成任务,妈妈陪她出去。回家后,妈妈提醒晓妞记得将看到的春天画出来。但是,周一早上一起床,晓妞就着急地说:"妈妈,你怎么不提醒我画画?"

不仅如此,晓妞每次玩玩具,都会扔得满地都是。即使妈妈每次都提醒她:"玩过后,一定要收拾干净。"但是晓妞依然行我素,根本没把妈妈的话放在心上。

一次,家里有客人来,妈妈一大早起来就收拾房间,然后准备饭菜,晓妞则在书房写作业、玩玩具。妈妈准备好饭菜后,从厨房出来发现:整洁的客厅已经变得狼狈不堪,茶几上、沙发上到处都是零散的玩具,然而晓妞却坐在沙发上,悠闲地看电视。

妈妈大声喊道:"我不是说了吗,玩过之后,一定要将其收拾干净,你居然把我的话当耳旁风!"

对于孩子来说,责任心是一种重要的品质,它可以帮助孩子建立起对家庭、集体的基本认识。因此,为了培养孩子的责任心,家长可以适当地让孩子承担一下不负责任的后果,引导孩子去面对并接受教训。

在孩子的品格培养过程中,责任心是重要的组成部分,不仅可以促使孩子努力完善自我，还可以使孩子变得更加积极向上。只要具备有责任心的孩子，长大之后，才会对自己负责，对他人负责，对家庭负责，对集体、社会、国家负责。6~12岁的孩子责任心的培养必须依靠家长，让"责任心"引导他们对自己负责、对他人负责。

没有责任心，孩子做事就会得过且过，就会拖拖拉拉。家长一定要明白，孩子从呱呱坠地那天起，他就是一个独立的人，要为孩子的成长提供各方面的条件及引导，使其成为一个有责任心的人。只有从小树立责任意识，孩子才可以对自己的行为负责。

◆ 多给孩子创造承担责任的机会

责任心的培养需要相应的能力和情感，并且要在一定情境中通过活动来进行。要培养孩子的责任心，就必须让孩子学会承担责任。

*母亲要带12岁的儿子去游乐场，要出家门时，父亲嘱咐："儿子，你已经是一个小男子汉了，替爸爸照顾好妈妈，记得把妈妈带回家呀。"*

*一路上，儿子一直紧紧牵着妈妈的手，还时不时地问妈妈是否口渴。他认为，他的责任就是要把妈妈照顾好，把妈妈平安带回家。*

作为家长，让孩子积极地参与到家庭生活的每个方面，让孩子感觉到他不是家里的客人而是主人。孩子体会到了他在整个家庭里并不是可有可无的，他是被整个家庭所需要的。这样一来，孩子对家庭的责任感也就会油然而生。

◆ 让孩子主动承担自己的过失

孩子犯了错误，家长不能一味地让他们推卸责任，更不能帮助孩子寻找理由逃避责任，要鼓励孩子对自己的言行负责。当孩子犯错误时，家长们既不能让他逃避和推卸责任，也不能自己出面解决。比如损坏了同学的文具，要让孩子照价赔偿；孩子因为一时冲动打伤了人，要让孩子登门道歉等。

几个男孩在小区踢足球，一个小男孩一不小心将球踢向了一住户的窗户，结果玻璃被打碎了。这时，主人走了出来，她看到慌乱的孩子们，说："没事，接着去玩吧，换块玻璃就行。"

听到她的话，一个男孩站出来，说："阿姨刚才那个球是我踢的，玻璃碎了，我赔给您。"之后，男孩便回了家，很快又返回来。

男孩将一叠钱递给主人，说："这是30元，我的零花钱。不知道够不够玻璃的钱？我住在丁单元302。"

主人笑了笑，心想这个男孩这么有责任心，随即说道："好！这钱我收下，你是一个真正的男子汉！"

犯错，对于孩子来说，是再正常不过的事情了。但是，懂得主动承担责任的却少之又少。案例中的男孩值得我们学习，没有责任感的孩子，不仅不会受到他人的欢迎，还不利于良好人格的形成。

优秀的孩子都会对自己的行为负责，当孩子犯了错时，一定要让他们主动承担起责任。如果孩子推卸责任，家长就要对其作出批评。如果他们主动承担起了自己的责任，家长也可给以鼓励和表扬。这样，孩子的责任感就会慢慢树立起来。

# "昨天刚答应的今天就不算数了？"
## ——从细节入手引导孩子讲诚信

讲诚信是中华民族的传统美德，是做人的基本道德要求。讲诚信的人，一般都做人诚实，讲究信誉，表里如一，他们可以与别人建立起一种互相信任、互相尊重的关系。同理，如果孩子从小不讲诚信，别人就会慢慢失去对他的信任与尊重。因此，家长要从细节入手，引导孩子做个讲诚信的人。

妍妍说话总是出尔反尔。一次，同学问妍妍："妍妍，你不是答应我，今天还我《小王子》和《白雪公主》吗？你到底看完了没有？都两个星期了！你总是拖拖拉拉，早知道就不借你了，说话不算话，不守信用！"

"威威，不好意思，我出门前忘记了。下星期一定会带来还你。"

"那我星期六怎么办？我要用这两本书换小娄的书，怎么换？"威威十分生气。

妍妍说话不算话的行为很多，不仅在学校，在家里也经常说话不算话。周末，妍妍对妈妈说："妈妈，我们明天去姥姥家吧。"

妈妈愉快地答应了，说："姥姥家在郊区，有点远，明天早点出门。"

妍妍点点头，保证地说道："放心吧，我明天早上6点就起床。"

但是第二天早晨，妈妈叫妍妍起床，妍妍却磨磨蹭蹭赖在床上不起。

妈妈提醒她，要去姥姥家，妍妍却说："妈妈，我太困了，下周再去吧。"

妈妈知道妍妍的老毛病又犯了，说："昨天刚答应的，今天就不算数了。"

妍妍看到妈妈生气了，只好乖乖地起了床。

生活中，像妍妍这样说话不算话的孩子有很多。遇到这样的情况，家长应该引导和督促孩子，让孩子做个诚实守信的人。只有这样，才能使孩子在今后的人际交往中得到别人的尊重和信任。无论身处什么样的环境，孩子总要跟别人交往，在交往过程中，诚实的孩子更能结交到好朋友，更能得到别人的信任，这些都有利于孩子的身心健康。

任何人都不喜欢跟言而无信的人交朋友，诚信对一个人的成长发展十分重要，对于6~12岁的孩子，诚信必须从小开始培养。

◆ **让孩子做个诚实守信的人**

1957年年底，长江塑胶厂改名为长江工业有限公司，李嘉诚任董事长兼总经理。当时厂房分为两处，一处生产塑胶玩具，另一处生产塑胶花。李嘉诚把塑胶花作为重点产品来销售，这使得产品供不应求，为了应付订单，他不得不降低了产品质量。结果，客户纷纷要求退货。

这天，母亲将李嘉诚叫到跟前说："儿子，给妈泡一道功夫茶。"李嘉诚泡好茶。母亲让他坐下，问："你认识老家开元寺的元寂住持吗？"

没等他回答，母亲继续说："元寂年事已高，想找个合适的接班人，打算从两个徒弟中选一个，一个法号一寂，一个法号二寂。他分别给了两个徒弟一袋稻谷，看谁来年收获的谷子多，谁就接班。第二年秋天到了，一寂挑来满满一担谷子，二寂则两手空空。结果，元寂却当众宣布二寂担当接班人。"

李嘉诚打断母亲，说："不是谁收获的谷子多，就选谁当接班人吗？"

母亲笑了笑，说："是的，所以，一寂不服气，问：'我收获了一担谷子，二寂颗粒未收，怎么能让他担任住持？'元寂微微一笑，高声对众人说：'我给他们的谷子都是用滚水煮熟的，二寂是诚实的，理应由他来当住持。'大家心悦诚服。"

这时候，母亲忽然话锋一转："经商跟做人一样。讲究诚信，才会消除危机。"李嘉诚听了母亲的话，深有感悟。不久，他就用自己的诚信打动供货商和员工，形势随之好转，李嘉诚从此在商界站稳了脚跟。

守信用是人的立身之本，要想让孩子诚实有信，就要加强对孩子的诚信品质的教育，教育孩子守信用、负责任。一定要告诉孩子，言而无信的人是没有人愿意跟他合作的，答应别人的事一定要兑现，如果无法做到，就要诚恳地向对方说明原因，并且表示歉意。并且，诚信教育一定要从小时候开始培养，要让孩子明白：出现错误时，要勇敢承认，要勇于改正，接受批评，绝不隐瞒。

为了让孩子养成讲诚信的优良品质，家长还可以读一些强调诚信重要性的书籍，给孩子讲些名人诚信正直的故事。这样，孩子长大后，才能成为一个讲诚信的人。

### ◆ 言行一致，给孩子积极的暗示

孩子喜欢模仿，他们每时每刻都在观察模仿成人的行为，因此为培养孩子诚实做人，家长就要为孩子做出一个好榜样。

人无信则不立！为了培养孩子的诚信，在日常生活中，对待孩子一定要诚信，要说话算话。有位母亲经常警告孩子：如果撒谎，就用针把他的嘴缝起来。有人问她："如果孩子确实撒谎了，你真会缝上他的嘴吗？"显然，这位妈妈对孩子说的话是不现实的，用这种方式来教导孩子也不可取。

要想纠正孩子不诚信的问题，家长首先要做到言行一致。孩子的模仿能力很强，很容易受到某种行为的暗示。如果家长言行不一，答应的事情却做不到，孩子就会受到暗示，跟着模仿，假如答应了孩子星期天带他到公园玩，就一定要去。如果临时有事，也要先考虑事情重不重要，若不重要，就坚守诺言。如果事情确实比较重要，一定要跟孩子说明白，并在后来补上去公园的活动。

要想与孩子保持真诚与互信的关系，家长就要满足孩子合理的要求和愿望。比如适时给孩子添置玩具、图书、彩笔等，让孩子意识到：自己需要的东西，只要是合理的，又是家长力所能及的，就会得到满足。对于孩子提出的合理要求，如果一时无法满足，也要向孩子说明理由。对他们的愿望与要求不分青红皂白地不予理睬或一味拒绝，很容易让他们养成不讲诚信的习惯。

## "这么自私谁愿意和你玩！"
### ——耐心疏导让孩子学会分享

有人曾对小学生做过这样一项调查，问孩子们：你妈喜欢吃鱼的什么部位,你爸喜欢吃鱼的什么部位,你喜欢吃鱼的什么部位?结果显示,大多数孩子都回答说:家长都喜欢吃鱼头和鱼尾,自己爱吃鱼身。

但是,家长真的只喜欢吃鱼头和鱼尾吗?答案不见得是这样!这很可能是因为家长出于对孩子的爱,委屈了自己。然而这种情况,很容易变成溺爱,让孩子养成自私自利、不愿与他人分享的坏习惯,从而影响到他们的人际关系。因此,在培养和教育孩子时,家长要引导孩子学会与他人分享。

李婷过生日,她邀请了几个关系不错的同事到家里聚会。在李婷家,同事们看到了她7岁的女儿小桐。刚开始,小桐给大家的印象还比较好,但是在吃饭时,她的一个动作和几句话使大家对她产生了新的看法。

事情是这样的:大家围在一起吃饭,小桐却不让大伙儿吃她家的东西。有人夹菜时,她立刻拨开别人的筷子,将好吃的菜全挪到自己面前,嘴里还一个劲地嘀咕:"想吃我们家的东西,没门!"大家先是一愣,然后你看看我,我看看你,一时不知道该怎么办。因为小桐的自私行为,李婷感到很尴尬,立刻说了她几句。结果,小桐觉得委屈,大哭起来。

为了改变小桐自私的毛病,李婷做了不少努力。

一次,李婷给小桐买了一个遥控飞机。小桐一个人在院子玩时,邻居家的小男孩看到了,也跑过来想和她一起玩,小桐却不答应。

这时,李婷走过来说:"小桐,你要学会分享,和哥哥一起分享玩具!如果你不分享,哥哥游乐玩具也不会给你玩,甚至不和你做朋友了。"

小桐听后，想了一会儿说："好，那我们一起玩吧！"

看两个人玩得正高兴时，站在旁边的李婷问女儿："两个人一起玩高兴吗？"

小桐兴奋地说："高兴！"

李婷便进一步地开导她说："有好的东西，应该和朋友一起分享才对，要不然你就要失去好朋友了。"小桐笑着点点头。

生活中，像例子中这个小女孩一样的孩子有很多，他们凡事以自我为中心，过分关心自己，从来都不会顾及他人的感受，更不愿意与人分享自己的东西。

如何改变孩子自私的行为呢？我们不妨学学案例中的这位妈妈，让孩子明白：如果有好玩的东西，不妨跟其他孩子一起分享。这样，别人有好玩的东西时也会跟你分享。

如今，很多孩子都是家里的独生子女，个个都是家长掌中的宝，集宠爱于一身。在自我意识形成和发展的最初阶段，他们的心理活动都从自我出发。所以，家长千万不要将孩子当"小祖宗"伺候，应该用正确的方法来教育、引导孩子。

随着时间的推移，孩子会逐渐愿意分享与人交往过程中的快乐。当孩子出现"自私"行为时，家长一定要及时引导孩子走出自己的世界，学会合作、分享。

◆ 不要给孩子"特殊"待遇

要想让孩子变得不自私，家长就要将疼爱和严格要求结合起来，尽量不要给孩子特殊的待遇，要让他们知道：自己与别人是一样的，没有任何不同的地方。

家长对孩子的爱是无私的,这种无私的爱经常会让自己不自觉地把好吃的东西留给孩子,给孩子提供最好的条件。但是,很多家长不明白的是,当自己一次次地把最好的东西送给孩子时,也会让孩子在不经意间变得自私起来。

为了纠正孩子的自私行为,家长就不要再过度地溺爱孩子,而是要努力地和孩子"平起平坐"。比如,当家长饿了时,孩子那里有吃的,家长打一声招呼就能拿过来吃,用不着"请示"。要给孩子做出榜样,让孩子明白"不光你有喝水的权利,我也有",这样才是真正的平等。

◆ **不合理的要求坚决拒绝**

欲望是滋生自私的土壤,要纠正孩子自私的观念,家长就不能一味地迁就孩子的不合理要求,即使是完全合理的要求也不能百分之百满足。台湾有一位亿万富翁,他对孩子的物质要求一般只满足四分之一,可谓用心良苦。

对很多家长来说,要拒绝孩子不合理的要求,最难的还是坚持到底。可能当时不迁就,但经不住孩子的纠缠,片刻之后,家长又会满足孩子的各种要求。这种做法是无效的,正确的做法是:对孩子的不合理要求一经拒绝,就不要再回头答应,一定要坚持到底。

在明确拒绝孩子不合理的要求时,家长还要将理由和原因讲给孩子听,让他明白为什么不满足他的要求。孩子比我们想象种要懂事得多,只要家长的态度不生硬,孩子一般都会听进去。比如不想给他买奢侈品或者多余的玩具,家长可以告诉孩子:这些玩具太贵,买了这些玩具,上学的钱和全家吃饭的钱就不够了。

苏联教育家马卡连柯曾指出：人们时常说，我是母亲，我是父亲，一切都计给孩子，为他牺牲一切，甚至牺牲自己的幸福，这恐怕是家长送给孩子最可怕的礼物了。孩子的成长需要健康的快乐的营养，而不是家长们一厢情愿的给予和没有原则的溺爱。

## "你真是太骄傲了！"
### ——选择合适的方式引导孩子谦虚待人

谦虚，是一种美德，也是与人交往中不可缺少的品质之一。在生活中，有些孩子有某些方面的特长，就觉得自己很厉害，骄傲自满，甚至不可一世；看到其他同学的成绩不如自己，就开始瞧不起别人。

常言道尺有所短，寸有所长，任何人都无法将所有的优点都囊括在自己身上，只有虚心一些、低调一些，才能与人为善；只有认识到自己的短处，才能保持谦虚的心态。

小惠是个聪明可爱的女孩，她不仅成绩优秀，还能歌善舞。在学校，学校领导喜欢她，班主任更将她当作班级"骨干"；在家里，家长将她视为掌上明珠，宠爱有加。渐渐地，她越来越自命不凡，狂妄自大，觉得自己了不起，总想有机会展示一下自己。

当爸爸妈妈说别人的孩子在某方面表现不错时，她就很不服气，说人家坏话。如果遇到不如自己的孩子或者某些问题自己知道而朋友不懂时，她总爱说"连这都不知道啊""这么简单的问题都不懂，你真是个笨蛋"等。这种蔑视和嘲笑别人的态度，使得她和同学之间的矛盾也越来越大。

一次，一个受到嘲笑的同学反击小惠说："你以为你是谁啊？千金小姐还是公主啊？"小惠气得大哭大闹，幸好老师及时出面调解，才勉强使两个人和解。

也许正是小惠的这种态度，引起了全班同学的不满。竞选班干部时，她落选了，回到家里就哭了起来，中饭也不吃了，边哭边说："除了我没人有能力当班长！他们凭什么不选我，真是没眼光！"

妈妈听了小惠的抱怨，语重心长地说："你真是太骄傲了，一直这样骄傲下去，目中无人，只会让大家越来越厌烦你。"

接着，妈妈给小惠讲了很多有关"谦虚和骄傲的故事"。通过这些故事，小惠逐渐认识到"骄傲使人落后，谦虚使人进步"的道理，小惠向妈妈保证，以后一定要做一个谦虚的好孩子。

孩子身上之所以会出现骄傲自满的情绪，主要是因为他们对自己没有形成正确的认知，总是高估自己。低估自己，会自卑；高估自己，就会表现为自负或者骄傲。

看不起别人或者目中无人的孩子，他们与外界之间就会出现一道无形的"城墙"，导致他们只能生活在自己的世界里，这对未来的发展十分不利。骄傲的孩子虽然也有着值得自己骄傲的优点，但将自己独锁在

"骄傲王国"，心胸就会变得狭隘、自私。

谦虚能使人进步，谦虚是成功的基石，一个人既使再有才华，也要时刻保持谦虚。如果孩子过高地估计了自己，认为自己比谁都强，只看到自己的长处，看不到自己的短处，拿自己的长处比他人的短处……家长就要告诫孩子：谦虚使人进步，骄傲使人落后；天外有天，人外有人。世界上的能人很多，需要我们知道的东西很多，而且永无止境。

### ◆ 正确地表扬孩子

美国教育家帕特里夏·埃德加博士认为，越是表现出色的孩子越不经夸，过多的夸赞会让孩子产生骄傲的心理。家长要利用赏识教育培养孩子的自信心，但不能夸大其词，动不动就表扬孩子，使孩子一天到晚都生活在赞扬中，只会让孩子盲目自信，进而走向自负。

事实证明，小时候受到家长过度表扬的孩子，步入社会后很可能遇到更多的失望。如果家长为了鼓励孩子，总是不按客观事实，夸大其词，就会使孩子飘飘然，失去了对自我能力的客观判断。

太优秀的孩子一般都经不起表扬，表扬过多，会让孩子产生骄傲自满的心理。表扬孩子时，家长正确的做法是：

1.凡事都有个"度"。对孩子的夸奖不能泛滥，否则会适得其反，无法取得预期的效果。

2.高度重视感情的作用。有时对孩子轻轻的一个微笑，也会起到赞美之词难以起到的作用。

3.当着他人的面适当夸奖孩子。6~12岁的孩子自我评价能力还不高，看到很多人都肯定自己，容易产生错误的认识，认为自己确实优秀，从而产生自负情绪。

4. 以精神奖励为主。通常情况下，很多家长对孩子嘉奖时，都会用物质奖励的方式，这种奖励方式虽然可取，但要适度。

5. 不能过多用物质方面的奖励。虽然物质嘉奖和精神鼓励都是嘉奖的一种积极有效的手段，但多用物质奖赏，会对孩子产生一些不良影响。

◆ 让孩子看到自己的不足

杰克·韦尔其小时候有点口吃，但是母亲却不以为意，甚至还表扬他："你有点口吃，正说明你聪明爱动脑，想的比说的快。"她鼓励儿子相信自己，努力主宰自己的命运。最后，这个口吃的男孩成为了美国通用电气公司董事长，世界第一经理人。

教导孩子学会正确地评价自己，既能让他们认识到自己的优点，又能看到自己的不足。如让孩子多接触一些高年级的且非常优秀的孩子，这更容易让孩子看到自己的不足，同时激发孩子更努力进取。此外，家长还可以利用孩子的缺点，促使孩子反省自己的所作所为，在孩子认识到自己的缺点以后，使他明白"尺有所短，寸有所长"的道理。

过度的物质奖励会让孩子形成这样一种错误的观点，之前的所有努力就是为了后面的有所回报，若是没有了物质奖励作为基础，那孩子就会不思进取，从而削弱他们的进取精神。在引导孩子的过程中，家长不能一味地进行物质奖励，而要以精神奖励为主。

## "不能吹牛！要多看到人家好的地方。"
## ——教孩子学会欣赏别人

培根有言："欣赏者心中有朝霞、露珠和常年盛开的花朵。"懂得欣赏别人的人，一般都会有愉悦之心、仁爱之怀和成人之美的善念。每个人都渴望得到别人的欣赏，同样，一个人也应该学会欣赏别人。

因此，家长要引导孩子学会欣赏别人。懂得欣赏他人，孩子可以在心理产生一种轻松、愉快和满足感，心灵也会在潜移默化中得到净化。

小若是个天使般的女孩，人如其名，她很阳光、很感性、充满着朝气和诗情画意，特别招人喜爱。

在班上，小若经常会发出这样的感叹："达芬奇的画好美呀""我们美术老师就像个画家""赵老师可好了""你奶奶的手真巧，做的花跟真的一样"；在餐桌上，大家也常常听到她由衷的赞美之词："妈妈，你炸的土豆真好吃，比街上卖的还好""爸爸，你做的西红柿炒鸡蛋，不仅好看又好吃，而且还很有营养"……

"好美呀"是小若的口头禅。在高雅的艺术殿堂里，她会发出这种惊叹，在日常生活中，她也会发出这种惊叹！

"好棒呀"也是小若的口头禅。对自己，她是这样评价的；对他人，她更是这样评价的。小若眼里的世界永远是美丽的。

小若懂得欣赏他人，这要归功于妈妈的教育。在小若很小的时候，她也曾不把别人放在眼里。一次，去亲戚家做客，当大家都夸亲戚房子装修漂亮时，小若却不屑一顾，开始吹牛说自己家的房子如何大，如何好……

妈妈听到后，拆穿了她："小若，不能吹牛，要多看到人家好的地方，你看……"接着，妈妈便领着小若参观亲戚家的新房子，一边参观，一边赞美。

后来，妈妈还有意识地教女儿用欣赏的眼光去看待周围的人或事。

罗丹说过，世界上并不缺少美，而是缺少发现美的眼睛。家长必须让孩子明白：每个人身上都有优点与缺点，喜欢看到优点的人比总看到别人缺点的人会更快乐，更受欢迎。

学会赞美和欣赏别人，对于提高孩子情商水平，有很大的帮助。赞美和欣赏都是一种积极的情绪，学会赞美和欣赏别人就是学会找到别人的优点，并在对比中发现自己的缺点，这是一种潜在激励自己的动力，有助于更好地进步。

作为家长，一定要鼓励孩子多去看别人的优点，多去欣赏别人，而这也是需要从小培养的。

◆ **让孩子学会欣赏自己**

要想学会欣赏别人，首先要欣赏自己，而要让孩子学会欣赏自己，就要提高他们的自信心，让他们对自己有信心，有成功的感觉。当孩子完成一件事情时，家长还应及时给予肯定和鼓励。

1.让孩子感觉到"我能干"。在生活中，简单的命令式语言，如"这不能动""那个你不行"等会让孩子感到自己无能，家长要给孩子分配一些力所能及的任务。当孩子通过自己的努力完成了任务，家长就可以夸他"真能干"。

2.让孩子知道"我也行"。每个孩子都有缺点，对于孩子的不足之处，家长要善于使用别样的语言让孩子感受到积极的一面。当孩子觉得家长接纳自己时，他们就会接纳自己，欣赏自己，喜欢自己。

◆ **家长多给孩子经历的机会**

美国著名教育家斯特娜夫人打算带着5岁的女儿参加为期两天的野外旅游。出发之前，斯特娜夫人将应该带的东西告诉了女儿，为了培养女儿的独立能力，她让孩子自己收拾行李。

到了野外后，女儿发现不仅衣服带少了，还忘了带手电筒。晚上天气特别阴冷，女儿对斯特娜夫人说："妈妈，我挺冷的，衣服没带够……我能使用一下你的手电筒吗？"

斯特娜夫人问女儿："为什么衣服带少了？"

"我以为这里的天气跟城里一样，没想到这么冷，下次再来，我就知道该如何做了。"

斯特娜夫人说："是的，你应该先了解一下这儿的天气情况，做足准备。手电筒怎么回事？"

女儿说："忘带了。"

斯特娜夫人说："以后千万不要粗心大意，不认真对待每件事，不然就会尝到粗心的苦头。"

女儿说："我明白了，我以后出门时，一定要像你们一样先列一张物品清单。"

这就是美国著名教育家斯特娜夫人教育女儿的一个小故事。孩子第一次出门旅游，由于没有经验，必然会少带些东西。但是，面对这个失误，斯特娜夫人并没有帮女儿弥补，而是让孩子在挫折与失败中接受教训，获得经验，以便她以后不再犯同样的错误。

经历，是孩子增长见识和体验的重要方式，经历丰富的孩子，多半都不会诋毁他人。孩子不懂欣赏他人，为人高调，一个重要的原因是自己的经历太少。而事实证明，懂得欣赏他人的人，一般都是经历丰富的人。因为他们知道，山外有山，天外有天。

家长要多为孩子提供经历的机会，比如，带着孩子到别人家串门，让孩子与不同年龄的人相处；带孩子多在外面走走，看看，感受更多的宏伟和高大；带孩子游大学，让孩子看到更多的优秀者；让孩子去处理自己的事情；鼓励他们参与到大人的工作或事情中；让孩子经历挫折和失败……

欣赏就是尊重，不论是对别人的欣赏，还是对大自然的欣赏。尊重别人就能看到别人的优点和长处，尊重大自然能看到大自然的和谐和美丽。为了让孩子学会尊重，平时就要多带他们出门走走，多看看大自然的风光。

## "你怎么一点同情心都没有？"
### ——努力培养孩子的同情心

懂得同情别人的孩子，当他看到他人的不幸和困难，就会产生心灵的共鸣，并对别人表示关心、支持和援助。他们能体会他人的情感，更容易融入社会。相反，孩子没有同情心，面对任何人、事，都会熟视无睹。同情心是助人、分享、谦让等的重要基础，少了同情心，其他品格也会受到影响。

因此，家长要想让孩子的未来成长之路越走越顺，要注重培养孩子的同情心，让孩子对外界的人、事、物多一些同情和关心。

小明今年8岁，下午放学回家，他对妈妈说："我们今天在操场上玩时，发现一只死鸽子。老师看到它身上有伤，说是有人把它打伤了，鸽子因为伤势过重而死亡。我们班孩子都哭了，老师还和我们一起把它埋了。"

"那你哭了吗？"听到后，妈妈问小明。

"我没有哭，不就是一个小鸽子吗，死了就死了。"小明看着妈妈，满不在乎地说。

"你怎么这么没有同情心呢。你看，小鸽子多可怜。"妈妈试图校正小明的想法。但是，妈妈说了很久，依然无济于事。

过了一会儿，小明从外面回来，嚷嚷着让妈妈帮他捉蝴蝶。妈妈问："为什么要捉蝴蝶？"

小明说："小区的草地上有很多蝴蝶，隔壁小胖就捉住一只。他说捉回家去，把蝴蝶夹在书里会很好看。"

妈妈问小明："你怎么一点同情心都没有？你忘了小鸽子的事了吗，把蝴蝶抓来夹在书里，蝴蝶会死的。"小明有点不好意思，但嘴上依然说："可小胖就逮住蝴蝶了，而且，你怎么知道蝴蝶会疼？"

在孩子的成长过程中，同情心异常重要。同情心是构成良好个性、品德的要素之一，对孩子个性的良性发展，尤其是情感的发展意义重大，是孩子建立良好人际关系的重要基础。富有同情心的孩子一般心地善良，性情温和，惹人喜爱；缺乏同情心的孩子为人处世容易走极端，不容易与人亲近，人际关系也会出现危机。

同情心是人类的一种美好情感，也是人际交往中应该具备的条件之一。只有与他人相互同情、相互关心，才能形成温馨和关爱的氛围，才能让社会成为一个和谐的大集体。著名教育家陈鹤琴先生曾经说："家庭里没有同情行为，父不父，母不母，子不子，家庭就不成为家庭；社会没有同情行为，尔虞我诈，每个人自利，社会也就不成为社会了。"

孩子们因为娇生惯养而常常习惯以自我为中心，很难站到别人的立场上考虑问题，更无法体会到他人的痛苦。因此，家长要从小就要培养孩子的同情心。

### ◆ 创造机会，让孩子亲自体验

从心理学角度说，同情心的产生在于移情作用。看到有人摔倒了，腿流了血，疼得直哭，大人可以先引起孩子的注意："你看那个孩子跌破了腿，多疼呀！"然后问孩子，"要不要帮帮他？"

"要！"

"怎样帮？"孩子体验到别人的情感，就会产生同情心，就有可能去安慰他并跑回家去拿出"创可贴"。

另一办法是，让孩子做一定的家务劳动。如果家长过分宠爱孩子，舍不得让孩子干活，就会使孩子错误地认为家长为自己服务是理所当然的。有了这种想法，孩子就很难产生同情心。大人在做家务的时候，让孩子参与进来，可以让孩子感受到为别人服务的喜悦，既能培养孩子的责任感，又能使孩子理解家长的辛苦。

此外，亲身体验感受是培养孩子同情心的最有效的方法。如果家长或者老人生病了，家长要启发孩子作出相应的关心举动，比如要对生病的人问寒问暖，给老人讲话解闷等。

◆ 家长要成为爱的使者

如果想培养孩子的同情心，家长同样需要做一个具有同情心的人。

体育名人伏明霞不仅致力于慈善活动，更把帮助贫困家庭作为一项事业。伏明霞曾赴安徽贫困地区探访，和村民们一起挑水，深入了解当地的实际困难，帮助他们改善生活。她甚至还决定，等孩子们长大点，只要有机会，就带他们去体验生活。在香港举办的"小母牛竞步善行"活动中，伏明霞带着3岁的女儿参加活动，为慈善助力，身体力行地引导孩子做善事。

孩子的心是一片空地，种什么长什么。孩子每时每刻都在潜意识中模仿大人，家长一定要当一位爱的使者，在孩子幼小的心田里播种善良、友爱、责任的种子，这样孩子心里才不会滋生仇恨的小苗。对孩子来说，爱是被爱后的一种自发性的行动。

爱是一种行动，家长要以身作则。在家里，爸爸妈妈要互敬互爱，孝顺长辈，与人为善，尊重人，理解人。这样，孩子就会看在眼里，记在心里，落实到行动中。

同情心是与生俱来的，只不过在不同的年龄段，表现形式会有不同罢了。小时候孩子会对周围的一切，包括没有生命的东西都会表示同情，甚至玩具狗掉在地上，孩子也会一边帮它揉一边说："摔疼了吗？我帮你揉一揉。"长大了，他们也会主动帮那些需要帮助的人。家长的作用就是要保护好孩子的同情心，让孩子持续拥有同情心。

## "与其妒忌同学，倒不如努力超过他！"
## ——引导孩子树立正确的竞争意识

鼓励孩子参与竞争是一件好事，但盲目鼓励孩子竞争，非但不会起到推进作用，还会让孩子为了得到鼓励而恶性竞争，使得孩子成功时沾沾自喜，失败时怨天尤人。所以，家长们一定要引导孩子正确面对竞争。有竞争，就会有输赢，就会产生成功者和失败者。孩子只有树立了良好的心态，才能正确地面对竞争。

小豪喜欢争强好胜，赢了就得意扬扬，输了就大发脾气。不管做什么事，他都想占上风，总爱跟同伴比，从球踢得多远，到家里有多少玩具，他都想要胜人一筹。升入四年级后，小豪依然喜欢争强好胜，每次考试都想超过其他同学，无论吃、穿、住或者考试，他都想跟同学一较高下。

爸爸妈妈为了不让儿子在竞争中被淘汰，从小就运用各种方法鼓励小豪。

五年级时，班里转来一位品学兼优的孩子，她的成绩要比小豪更出色，老师都很喜欢她。一次单元测试，小豪考了第二名，新来的同学考了第一名。小豪无法接受这个现实，气呼呼地回到家。爸爸问他发生了什么事，小豪一五一十将事情说给爸爸听。

爸爸说："与其妒忌同学，倒不如努力超过她。这位同学身上，肯定有比你优秀的地方，应该把她作为竞争对手，与她进行一场'君子'般的较量。"

小豪疑惑地说："我们不是竞争对手吗？竞争不就是你死我活？还谈什么君子？"爸爸看着小豪，笑着说道："竞争对手也可以是朋友，你们可以向对方学习，然后再相互竞争，在相互切磋中，不断提高自己嘛……"

在爸爸的引导下，小豪终于有了正确的竞争心态。

对于6~12岁的孩子来说，处处争强好胜并不一定是好事，但在充满竞争的社会大环境中，孩子终究会参与各类竞争，比如学业竞争、竞赛活动等。

6~12岁是孩子自我意识发展的关键期，为了使他们的个人心理健康发展，家长要注意引导孩子树立一定的竞争意识。竞争意识的萌芽正是孩子自我意识发展的重要表现，家长应予以支持与引导。

具备竞争意识的孩子，为了赶上或超越他人，必然会更加努力，这也是孩子健康发展所需要的。因此，培养孩子的竞争意识刻不容缓。妒忌，只会毁掉孩子，而竞争却会成就孩子。为了让孩子早点儿明白竞争的意义，就要将竞争的重要性直接告诉他们，并采取各种措施来鼓励孩子参与竞争。

◆ 帮孩子找到竞争的优势

作为家长，有责任和义务帮助孩子发现自己的竞争优势。孩子找到了自己独特的优势，就会变得有底气，也会变得更加自信。为了帮助孩子找到自己的竞争优势，可以从下面几点做起：

1.鼓励孩子相信自己有能力去实现自己追求的目标。相信自我，是一种自我竞争意识，连自己都不相信的孩子，不会朝气蓬勃，更不可能乐观向上，也就无法体验到成功感。

2.鼓励孩子建立自信，敢于面对竞争。每个人都不可能是全才，有长处也有短处，家长要帮助孩子找到自己的优点，帮助孩子建立坚定的自信，这是孩子面对竞争时家长首先要做的。帮助孩子发现自身优点和长处是克服害怕竞争的良方，家长要引导孩子挖掘自己的优点，不断强化，走出自卑的困扰，变得自信起来。

3.告诉孩子：一个人的兴趣和才能是多方面的，只有发挥自己的长处，挖掘自己的潜能，才能增加成功的机会，减少挫折。同时，有竞争就会有胜负，即使处于劣势，也要保持积极进取的态度，不要贬低对方，也不要嫉妒或采取不正当的手段，更不要就此一蹶不振。

◆ 培养孩子健康的竞争心态

作为孩子的第一任老师，家长在培养孩子健康的竞争心态上起着极其重要的作用。在培养孩子竞争意识的过程中，要让孩子明白：竞争不是狭隘的、自私的，应具有广阔的胸怀；竞争不是阴险和狡诈的，更不能暗中算计人，应该齐头并进，以实力超越。

竞争不排除协作，没有良好的协作精神和集体信念，单枪匹马的强者是孤独的，也是不易成功的。一味追求击败别人、打击对手，人际关系也会变得不和谐，不利形成合作精神，是一种狭隘的意识。同时，一山更比一山高，总想着胜过别人，遭遇失败却无法承受，时间长了，心理就容易出问题。

因此，如果想培养孩子正确的竞争意识，家长就要引导孩子从实际出发，不断进步，与自己的惰性作斗争，与困难作斗争，不断超越自我。同时，还要教育孩子正确对待竞争中的得与失。取得了成功，不骄傲，不故步自封，居安思危，要想到今后还会出现新竞争；失败了，也不要灰心，更不要嫉妒成功者；对别人的进步、成就和功劳，要发自内心地佩服，并将其作为自己学习的榜样。

在考试的竞争过程中，孩子既可能在竞争中脱颖而出，获得名次，也可能未成功，榜上无名。胜利时扬扬得意，失败时就垂头丧气，这是一种缺乏良好竞争意识的体现。家长要教育孩子，"胜败乃兵家之常事"，关键是找出失败的原因，确定努力的方向。

## "我看你就是得了'红眼病'！"
## ——消除孩子妒忌别人的"红眼病"

嫉妒是人性的弱点之一。莎士比亚曾经说过："您要留心嫉妒啊，那是一个绿眼的妖魔！"心怀妒忌的人，只要一看到别人在衣食住行等各方面超过了自己，就会觉得对方可恨。在妒忌之心的驱使下，有的孩子甚至会做出可怕的事情，比如故意伤害别人等。孩子的成长需要不断地向周围人学习，学习他们的优点和长处，而不是妒忌。

为了孩子的健康成长，家长一定要消除孩子的妒忌心，免得他们得了"红眼病"。

小瑞是某市小学六年级的学生，成绩一般，歌唱得很好听，但是嫉妒心比较重，尤其喜欢针对同桌雯雯。雯雯品学兼优，成绩不错，深受老师和同学们的喜欢。但是小瑞却不喜欢雯雯，因为她除了比雯雯歌唱得好之外，其他各方面都比不上雯雯。按道理，有这么一位好同桌，小瑞的成绩应该有所提高。然而，小瑞很妒忌她。

刚开始时，雯雯主动帮小瑞复习功课，可小瑞却说："用得着你吗？别以为这些题只有你会，别人都不会。"从那以后，雯雯再也不敢帮小瑞的忙了。

雯雯考试取得了第一名，小瑞也嫉妒她。这时，小瑞就在背后说雯雯的坏话。回到家里，小瑞还对妈妈说，老师偏向雯雯，事先向雯雯透露了题目，所以她才能考第一名的。

妈妈劝小瑞说不要妄加猜测，自己努力学习才是正道。但是，已经被嫉妒心冲昏头脑的小瑞哪里听得进去妈妈的话。

有一次，雯雯爸去省城出差回来后，给她带了一本英语指导书，小瑞看到后就偷偷地把这本书给扔到了垃圾箱，害得雯雯找了很久也没找到。

后来，这件事被爸爸知道了，爸爸严厉地对小瑞说："我看你就是得了'红眼病'，嫉妒同学，容忍不了别人比你优秀，这样下去你只会在嫉妒中迷失自己，让大家不喜欢你。你想想看，在学校，雯雯是不是有很多好朋友，而你的朋友却很少。"

小瑞点了点头，承认自己在学校因为嫉妒心太强，很多孩子都不怎么喜欢和她一起玩。爸爸语重心长地说："知道了原因，就应该及时消除嫉妒心，成为大家喜欢的人。"

看到同桌雯雯的成绩比自己好，小瑞感到心理特别不平衡，便在背后中伤雯雯；看到雯雯的爸爸给她买了一本英语指导书，小瑞便偷偷地把雯雯的书扔到垃圾箱里……这样的妒忌心理，不仅伤害了别人，更会伤害自己。

孩子们都争强好胜，尤其是到了五六年级，嫉妒心会更严重，因为这时候的他们已经开始向青春期迈进。在现实生活中，看到别人比自己幸运，妒忌心强的孩子，就会感到心里不是滋味。比如看到其他同学比自己成绩好，能力比自己强，生活条件比自己优越，得到的表扬和荣誉都比自己多，就会产生嫉妒和不满。

其实，嫉妒是阻碍孩子们前进的拦路虎，嫉妒心强的人总会拿别人的优点来折磨自己。现实生活中，孩子们总会遇到各种想不通的问题，不消除嫉妒，只会带来更多的麻烦，百害而无一利。

在迈向青春期的过程中，孩子对自己各方面的能力认识不足，很容易产生嫉妒心，如果不及时纠正，他们的人格就会进一步扭曲，甚至失去理智。这种孩子步入社会后，无法产生融洽的人际关系，在事业、社交、家庭等方面也会遭遇意想不到的困难。

作为家长，一旦看到孩子有了妒忌心，就要加以引导，不要让孩子患了"红眼病"，从而阻碍孩子健康地成长。

◆ **不要拿自己的孩子跟其他孩子攀比**

在养育孩子的过程中，为了让孩子朝着自己所期望方向发展，为了让孩子配合自己当下的行为，有的家长会不自觉得拿自己的孩子与他人比较，比如"你看，对门的小姐姐早就会自己穿衣服了，你怎么还不会""你再不好好吃饭，就拿给对门的小弟弟吃了，他比你乖多了"。这种比较，会让孩子变得越来越不自信，越来越嫉妒和讨厌总被拿来与自己做比较的对象。

◆ **帮孩子找到一种可行的解决办法**

感到嫉妒的孩子总希望得到和他人同样的待遇，这时，家长需要诱导孩子控制好自己的情绪，这不但可以缓解嫉妒心，还有助于建立孩子的自信心和自尊心。比如孩子觉得球队的一个队友比自己上场的时间长，就可以请教他：如果加强练习的话，情况会不会有所改变呢？答案是肯定的。通过练习，提高自己的球技后，上场的机会自然就会多。

再如，当孩子对别的家长对子女所倾注的重视感到嫉妒时，家长可以采取行动消除孩子的误会。

六一儿童节，美美报名参加演出，本来答应来观看的妈妈因为临时有事，没有来。妈妈错过了自己在学校演出，美美很不满："别人的家长都来了！"

妈妈这才意识到自己错了，然后又给美美在家里举办了一场个人晚会。如此，美美明白了妈妈其实很关注自己，便不再失望或者妒嫉其他同学了。

孩子都有一种渴望成功的心理，有一种超过别人的冲动。这种心理如果运用得好，就可以成为鼓励自己前进的驱动力。家长要让孩子积极地暗示自己："你比我强，我要比你更强，我一定要通过努力在竞争中去战胜你！"通过这种积极进取的方法，可以克服由妒忌而产生的消极心理，唤起勇于探索和超越自我的力量，让妒忌成为一种强大的动力，激励孩子奋起直追。

# 想让孩子听话，健康的亲子沟通方式很重要

教育孩子的过程，也是一个和孩子沟通的过程。不健康的沟通方式，孩子不仅不会听，还会产生反感，导致无法实现沟通的目的。因此，家长要更新自己的教育观念，掌握一定的沟通技巧。唯有如此，才能实现真正畅通无阻的亲子沟通。

第三部分

# 第六章　更新教育观念，孩子才会愿意听

> 既然要教育孩子，就需要采用新的教育方式。父辈的育儿理念，已经跟不上如今孩子的发展趋势。只有不断学习，逐渐更新教育理念，才能成功地说服孩子，才能在孩子的心中树立好的形象。自然，孩子也会愿意跟家长沟通，对他们敞开心扉。

## "在这一点上，妈妈做得不对！"
### ——身体力行重视榜样的力量

孩子从一出生，家长就是和孩子关系最亲密的人，也是孩子的第一任启蒙老师。家长的一举一动，都对孩子有着极大的影响力。孩子崇拜家长，以家长为榜样，喜欢模仿大人的言行举止。在他们吸收家长优点的同时，也接纳着家长的缺点。孩子的可塑性很强，在家长潜移默化的影响下，孩子经耳濡目染，很容易成为"跟家长是一个模子里刻出来"的人。

妈妈坐在女儿旁边，一边监督着她写作业，一边拿手机跟朋友在微信上聊天。"妈妈，这道题怎么做？"女儿指着一道题。妈妈正和朋友

聊得火热，心不在焉地看了一眼，随即快速讲解了一番，完了还不忘说一句："这么简单都不会，笨！"

一天下午，妈妈买菜回来，发现女儿正坐在沙发上玩手机，旁边还放着摊开的作业本。妈妈问女儿："作业做完没有？"

"没有，正做着呢。"女儿双眼死死地盯着手机，头也不抬地回答。

妈妈从女儿手里抢过手机，严厉地问道："作业还没写完，还玩什么手机？做事情不能三心二意，你懂吗？"

女儿看到妈妈生气了，不敢再说话，便闷闷不乐地写起作业来。

没想到，之后每次在写作业时，女儿总是心不在焉的，不是玩妈妈的手机，就是翻看其他不相干的书，要不就低着头抠手指头。

这天，妈妈走进屋子里看正在写作业的女儿，居然发现她正在一个作业本上画画。妈妈生气地嚷嚷："你最近怎么回事？写作业一定要认真，要一心一意！"

"你指导我做题时，还玩手机呢，还好意思说我！"女儿反驳道。

妈妈意识到自己的错误，立刻跟孩子道歉："以前是我不注意，我只要求你做事一心一意，反而忘了对自己的要求，在这一点上，妈妈做得不对。从今天开始，我们都要保证做个一心一意做事的好孩子、好妈妈，相互监督，好吗？"

"好！"

后来，妈妈有意识地改掉了自己三心二意的坏毛病。无论是陪孩子做作业，还是陪孩子做其他任何事情，都没有再分心。女儿看到妈妈如此专心，自己也逐渐改掉了注意力不集中的坏习惯。

教育家苏霍姆林斯基说："每个瞬间，你看到孩子，也就看到了自己；你教育孩子，也就是教育自己，并检验自己的人格。"孩子是家长的镜子，孩子的言谈举止反映的正是家长的形象。

有些家长文化程度不高，但他们却深得孩子的敬重，因为他们为人正直、忠厚，勤劳勇敢。他们深深地感染了孩子，教育了孩子。这正是人格的力量。家长正是用自己的人格来教育孩子的。讲究公德、富有教养、心胸豁达、处事公道、爱岗敬业、积极进取、勤奋好学、自强不息、充满爱心的家长，都是孩子心中的好家长。

家长的行为是孩子成长的航标。优质的家庭教育，不是优在"说"，而是优在"做"。家长的人格对孩子的感染和影响，是家庭教育的上乘境界。

美国教育家泰曼·约翰逊说："成功的家教造就成功的孩子，失败的家教造就失败的孩子。"家长一定要明白：榜样对孩子价值观形成的作用巨大。不要认为榜样离我们很远，生活中到处都存在着榜样，而家长就是孩子最直接的榜样。

无论是在几千年前，还是在现在，或者在将来，教育孩子的方法其实就存在于家长的心中，这是一个不争的事实。孩子整天围绕在家长身边，首要的学习对象就是家长。即使爸爸早晨起床后看报纸的样子，在孩子的脑海里也会留下深深的印迹。

当家长苦口婆心地给孩子讲述学习的重要性、解释是非曲直时，有多少孩子可以理解并真正遵守？如果孩子可以接受，那真是一件幸运的事，但对于10岁的孩子来说，就不太容易接受了。与其苦口婆心地说服孩子，不如先给孩子做个表率，让孩子自己体会家长的良苦用心。

作为家长，不能只考虑孩子怎样做才能长大成才，还应该考虑自己如何做才能成为孩子的榜样。在家庭教育中，家长千万不要忽视榜样的力量，要使用现实中的榜样对孩子进行教育。

◆ 给孩子传递正确的价值观

英国已故戴安娜王妃曾被联合国授予人道主义奖，她立志于公益事业，这为她赢得了极高的声誉，更在两个王子的心里留下了深深的烙印。

年幼时，母亲戴安娜王妃给王子讲非洲的故事，带他们参观艾滋病诊所和无家可归者收容所，探访各种慈善机构，参加各种公益活动……王子从小就知道：有一颗充满爱的心十分重要。

戴安娜王妃在世时，威廉王子曾多次效仿母亲，和弟弟哈里王子一起筹款，走近贫穷孩子，慰问无家可归的人，关注艾滋病患者。虽然出身皇室，但两个王子却有着丰富的吃苦经历，甚至还在求学期间多次打工。长大后，威廉王子和哈里王子一直在效仿母亲的善举，更关注环境和野生动物问题，对非洲更是情有独钟。

在威廉王子的手机里，不仅存着成百上千的动物图片，还有各种丛林的音效。当他感到压力时，就会将背景图换成野牛或者蟋蟀。而哈里王子则在大学间隔时期，就到非洲做起了志愿者。

家长的日常言行要思考一个问题：自己的做法会对孩子产生怎样的影响，会给孩子传达怎样的信息，给孩子灌输主流价值观是家庭教育的重要环节。如果家长言行给孩子传递的是非主流的价值观念，甚至反主流的价值意识，孩子将来的发展趋势必定会发生扭曲，更无法适应社会。

健康快乐的人，一定是个与主流价值观念相一致的人；健康快乐的人，一定是基本价值观念处于较高层次的人。所以，为了孩子的未来，家长要从一点一滴开始，培养孩子良好的价值观。

◆ 言行一致，表里如一

小东是个正在上小学五年级的男孩，父亲是个建筑工，母亲卖小百货。爸爸对小东的教育很严格：放学后不许下楼玩，做不完作业不许看电视，不许玩电子游戏……小东一旦违反，轻则被责骂，重则被痛打。但是，即便是这样，小东也没有成为爸爸想象中的好孩子。

原来，小东的爸爸很喜欢打麻将，还将麻将当作自己一生追求的"事业"。他以为只要将孩子"管起来"或"打几顿"，孩子就会听话，可结果恰恰相反。

有一天，爸爸"连续作战"后回到家里，发现小东正跟几个"小哥们儿"打扑克，每个人脸上都贴了不少纸条。看到这副情景后，爸爸顿时火冒三丈，把小东打了一顿。小东一边大哭，一边喊："为什么你能玩麻将，我就不能打扑克？"

小东的一句话把爸爸问得目瞪口呆。

要求孩子言行端正、品德优良，家长必须先从自己做起。无论何时何地，家长都要保持言行一致、表里如一；绝不能说一套、做一套，在家一套、在外一套，当面一套、背后一套，这样只能当一个伪君子。家长只有言行如一、说话算数，才能在孩子面前树立威信，才能让孩子对家长的教育心服口服。

家长进行榜样教育时，行"言教"而更重"身教"，才是教育的最高境界。家长在孩子面前不仅是一种权威，更是孩子言谈举止标准的提供者，是具有强烈的暗示和感染力量的具体形象。"以教人者教己"，要求孩子具备良好的品质和习惯，家长也应具备，为孩子作出好的表率。

## "没有经过我的允许，怎么能随便动我的东西？"
## ——尊重孩子，孩子才会尊重你

有的家长爱子心切，让孩子只要负责吃饭就行，其他事情交由自己来做；有的家长"望子成龙"，把自己的意愿强加在孩子身上，甚至强迫孩子学习，只要孩子一犯错，就会严厉惩罚，比如罚站、推出家门、不准吃饭，甚至破口大骂等。其实，孩子虽然还很小，但也是独立自由的个体，他们有着自己的意愿，知道自己想做什么、不想做什么。家长如果总是以自己为主，忽略孩子的感受，那孩子自然不会听你的。如果想与孩子有一个和谐共处的亲子沟通，就要学会尊重孩子。

晓丽是某校五年级的一名学生。一天早上，她走在上学的路上，突然想起自己忘带作业本，就急忙掉头往家跑。当她掏出钥匙打开家门时，看到妈妈正从自己的房间里出来，脸上带着不自然的表情。

晓丽走进自己房间后，愣住了，书桌的抽屉全部敞开，自己的日记本、同学们送的生日礼物及贺卡等都胡乱地堆在桌子上。晓丽很生气，质问妈妈："为什么没经我的许可就翻看我的抽屉，你怎么能随便动我的东西？"

没想到，妈妈比她还生气："怎么了？我翻看一下你的东西，还有错？"晓丽愤怒地回答："可以看，但你应该经过我的允许才能看啊！""有什么不能看！我是你妈，你的一切都是我给的，我能翻看你的任何东西。"妈妈毫不在乎地对晓丽说。

小丽很生气，就跟妈妈理论起来。妈妈不以为然："我就是想看看，怎么了？"晓丽觉得妈妈有些固执，说："我是独立的人，有自己的人格和尊严，你这样做，就是不尊重我……"

妈妈觉得晓丽有些上纲上线，可是又觉得女儿说的似乎有道理。

案例中，妈妈觉得随意动女儿的东西没问题，其实这样是大错特错。别人进你的房间之前都要敲敲门，如果对方不敲门而进，你就会觉得对方对你不礼貌。连大人都会有这样的感受，更何况孩子们？

美国育儿专家珍妮·艾里姆认为，孩子身上存在缺点并不可怕，可怕的是作为孩子人生领路人的父母缺乏正确的家教观念和教子方法。家庭教育的核心就是让孩子始终体验到尊严感。因此，要给孩子最好的教育，要想让孩子信服，首先就要尊重孩子。

把孩子当"人"的家长，尊重孩子的独立人格的家长，都会改变"我说你听""我打你痛"的错误观念。

家长与孩子，既有"领导"关系，又有"朋友"关系。尊重孩子的人格尊严，是每个家长的责任，家长应该尊重孩子的人格，与孩子平等相待，保护孩子的自尊心，用欣赏的眼光，真诚而积极地评价孩子。

◆ 尊重孩子的隐私，多观察

每个人都有不想被他人知道的隐私，孩子也是如此，家长要做的就是尊重孩子的隐私。

孩子终究是要长大，随着孩子的渐渐长大，他们的小秘密会越来越多。虽然孩子的秘密不一定正确，但这些秘密毕竟是孩子成长中的表现，非常正常。所以，家长应该给以充分的尊重。

当然，尊重孩子，并不代表着放任不管。因为，有些小秘密可能会伤害到孩子。为了减少这种情况的出现，就要注意观察孩子在态度和行为上的细微变化。如果发现了问题，比如孩子说"我恨某某人""这个世界真是邪恶，太令人失望"等负面信息时，要多孩子讨论理想、事业、道德等问题，对孩子进行积极的引导，让孩子将自己的负面情绪化解掉，培养积极的世界观和人生观。

◆ 教育孩子，不要居高临下

作家杨绛出身于书香世家，父亲杨荫杭早年曾做过教师。和天下所有的父亲一样，杨荫杭也望女成凤，希望杨绛将来能学有所成，但他并不像大多数父亲那样整天督促杨绛学习，而是采用了一种无为而治的方法。

杨绛小时候，学习成绩并不突出，但杨荫杭从来都没有责备过她。上了高中，杨绛还弄不懂平仄声，自己很着急，但杨荫杭却安慰她说："不必急，到时候自然就懂了。"

杨绛考上东吴大学一年后，涉及分科问题，不知道该选哪科，就问父亲，杨荫杭说："什么该不该？喜欢什么就学什么。"于是，杨绛便认真分析了一下自己的情况，选择了文科，后来成为一代文学大家。

杨荫杭的无为而治，尊重孩子的性情，不把自己的主观意见强加给孩子，让杨绛在自由选择中健康地成长起来。教育孩子的时候，有些家长会摆出一副高高在上的姿态，面孔威严无比，指挥孩子的一切："必须好好读书，给我考个好大学""必须给我上补习班，不爱上也得上，没商量""你的未来，要服从我的设计"这种模式下的孩子，已经变成了一台机器。

误把"训"当教育，整天教训孩子，有事没事训几句，不允许孩子解释，更不许提出不同意见……在这种情况下，孩子没有了尊严，更没有了权利。哪里有"压迫"，哪里就有反抗。作为家长，一定要明白：孩子虽然年龄小，但也是家庭中的一员，必须平等对待孩子，给孩子发言权。尊重孩子，就是维护自己的尊严。只有尊重孩子，才能令孩子心悦诚服。

家长在教育孩子时，一定要学会控制自己的情绪。家长对孩子的爱，是一种责任和义务，但决不可信马由缰，走向极端。任何事情，物极必反。面对孩子，家长应有一种自控意识，保持理智，保持清醒的头脑。

即使在孩子令自己特别生气的情况下，也要时刻暗示自己：情绪失控，教育就会失败。

## "记住，大人和孩子都是平等的！"
### ——要想孩子听话，平等交流是前提

威廉·哥德法勃曾说："教育孩子最重要的，是把孩子当成与自己平等的人。"与孩子交流时，家长如果摆出一副居高临下的姿态，孩子怎么会听你的？相反，如果能像对待朋友那样跟孩子平等地交流，孩子才会愿意跟你沟通，才能实现最佳的沟通效果。

小陶是个7岁的男孩，活泼可爱，也很淘气。妈妈凡事都喜欢跟小陶讲条件，"不穿上外套就不准出去和孩子玩""不把书本整理好就别想玩""不把早点吃完就不许上学"。渐渐地，小陶越来越烦妈妈的"条件"了，妈妈的这种带着威胁的命令效果越来越差，两人的关系也越来越僵。

晚上，妈妈坐在沙发上看电视，小陶从书房出来吵着要看《熊出没之奇幻空间》。但是，妈妈却惦记着晚饭时小陶没吃饱，趁机说："要看也行，先喝杯牛奶！"

小陶听了很生气，带着哭腔吼起来："又跟我讲条件，我不饿，为什么还要喝牛奶？"

妈妈提高了嗓门:"不管你饿不饿,反正你不把牛奶喝完,就别想看电视。"

小陶气哭了,跑回书房,而妈妈最终也没让步。

妈妈感到很郁闷,将事情跟一位做教育的朋友讲了一遍。

朋友听了说:"你没有错,关键在于你使用了错误的沟通方式。要知道,大人和孩子都是平等的,与孩子沟通时,不能摆出高高在上的姿态,更不能威胁孩子,而是要以朋友的身份,平等对待孩子,效果会更好。"

其实,小陶妈妈完全是好意,她的想法很简单,孩子的正餐必须吃完,多吃才能健康。但是她却不管孩子的肚子否能装得下。小陶不肯喝牛奶也情有可原,刚吃了晚饭还不饿。

很多家长或许会有同样的感受:孩子越大,沟通越难。"我不要穿这件衣服,太紧了""我是对的,你才错了""你去哪儿?我也要去"……这些事情,日复一日,将家长折腾得精疲力尽。

其实,家长身上也有着很多坏习惯,如不给孩子申辩的机会,不让他们说出真实感受;批评孩子时,总是用手指着孩子;当孩子与自己的想法不同时,容易火冒三丈;谈话结束,不会给孩子一个拥抱。

亲子间的沟通,需要讲究一定的策略,哪些话能说,哪些话不能说,都应该考虑。当我意识到这些问题时,我便开始反省并留意自己的言行,尝试着改变自己的想法、说话方式,并站在孩子的立场去考虑问题。大多数家长都想成为孩子眼中的好家长,但更多时候,不管我们如何努力,孩子好像总是不领情。

有些家长认为,自己走的桥比孩子走的路还多,自己吃的盐比孩子吃的米都多，于是就把自己摆在一个保护者和权威者的位置，将自己的想法和决定强加在孩子身上，结果孩子却离我们越来越远，直到代沟的出现。其实，亲子沟通并不难，只要学会平等对待孩子即可。因为在孩子的内心深处，都是渴望被平等对待的。与孩子沟通，家长切记把自己的位置放得太高。

◆ 蹲下来和孩子说话

想想看，身高 1.60 米的人和身高 1.85 米的人交流，会有什么感受？相信，很多人都会产生巨大的压迫感。同样的道理，身高 1.60 米以上的家长和身高 1 米左右的孩子交流，又会怎样？如果想跟孩子和谐交流，就要将自己变成一个孩子，走进他的内心世界，蹲下来，用一颗孩子般的心和他进行交流。

处在发展时期的孩子是很不成熟的，受到认识水平、心理水平的局限，他们会有很多幼稚的想法，甚至会做出在成人眼里可笑或者错误的行为，但这并不表明孩子没有对生活认真地探索。

在孩子自己的内心世界中，也有着与成人同样深刻、真切，又属于他们的欢喜、痛苦、无奈和恐惧。因此，家长要蹲下身来，用心体会孩子在某一情境中会怎样思考、行事，要多一些宽容和体谅。这样，当孩子说出在成人看来幼稚可笑的话时，你才不会嘲笑他、讥讽他，才不会轻易击碎孩子的奇异想法，更不会用长辈的尊严压制孩子表达的欲望，更不会伤害孩子的自尊心。

◆ 给孩子更多的理解

强制性的说教，很容易引起孩子的反感和抵抗，如果能够设身处地多理解孩子，情况就会大为改观，如换位思考。

李开复觉得，父母的主要工作是理解孩子，多从孩子的角度考虑问题，然后鼓励他、帮助他。

大女儿喜欢写爱情小说与诗歌，李开复就想办法帮她修改、出版；遇到写得好的，就鼓励她，甚至还跟她开玩笑："这篇是不是在讲你自己的故事？"

小女儿比较顽皮，喜欢拍一些好笑的照片，李开复也会跟她拍一些Video、写一些自传。女儿年龄小，不会打字，李开复就主动帮她打……

认可孩子、理解孩子，就是站在孩子的角度去思考问题，多为孩子考虑，而不是"自说自话"地对孩子喋喋不休，更不能采用错误的方式来教育孩子。

总之，只有多理解孩子，才能营造出和谐、融洽的交流氛围，才能让孩子更加理解家长、信任家长，愉快地接受家长的教导，并成长为乐于换位思考、善解人意的孩子。

在和孩子平等沟通时，家长一定要注意两点：和孩子交朋友目的要单纯，要真正放下家长的架子，和孩子坦诚相待，不要固守传统的家长作风，居高临下俯视孩子，完全凭自己的主观意志和孩子交流，忽视孩子的感受，这样的沟通是无效的。

# "这件事不是你的错！"
## ——站在孩子的角度处理问题很容易

6~12岁的孩子，对世界都有着独特的理解方式和表达方式。遇到问题时，家长要多从孩子的角度考虑。经过多年的历练，成人的思维大多已经固化，用成人的思维去看待孩子的问题，很容易戴上有色眼镜，无法理解孩子的本真。但是，如果能放下自身的思维定势，站在孩子的角度去思考问题，就会知道孩子是如何想的，很多问题也会在不知不觉中得到解决。

莉娜放学回家后抱怨，今天老师当着全班同学的面向对她大声斥责。马女士听后，用质问的口气说："你干什么坏事了？"

莉娜瞪起眼，生气地说："我什么也没干。"

"不会吧，老师是不会无缘无故地斥责学生的。"莉娜重重地坐在椅子上，不开心地盯着妈妈。

马女士继续问："那么，你打算怎样解决这个问题呢？"

莉娜倔强地说："什么也不做。"

马女士知道，这样再问下去，母女之间一定会对立起来，什么问题也解决不了。她思考了片刻，便改变态度，用一种友好的语调说："这件事不是你的错！我敢肯定，你当时一定觉得很尴尬，因为老师在全班同学面前斥责你。"

莉娜有些怀疑地抬头看了妈妈一眼，妈妈接着说："我上四年级时，也遇到过同样的事。那次单元测试，我站起来借了一支铅笔，老师说我作弊，我感到十分尴尬，也很气愤。"

莉娜脸上露出轻松的表情："确实，我也是跟同桌借铅笔，这么简单的事，老师教训我，不公平。"

"是的，那你能不能想出办法，今后避免这种尴尬的局面呢？"

"多准备一些铅笔，就不用打断老师讲课而向别人去借了。"

"这个主意不错。"从那以后，莉娜再也没有因为借铅笔的事情而挨批了。

故事中的妈妈懂得换位思考，能够站在孩子的角度思考问题，值得称赞。不懂换位思考，盲目地指责孩子的家长很容易陷入困境。调查显示，很多家长在教育孩子时都会走入固执己见的误区。受传统家庭教育观念的影响，有些家长对孩子形成了固定的看法和结论，在生活中总是以自己的观点来衡量孩子、管教孩子，很少会考虑孩子的感受。其实，这样对孩子的成长并不好。

老话"以眼还眼，以牙还牙"所表达的心理状态就是，你跟我过不去，我也让你不痛快！这种心理在人际交往过程中常常表现为冤冤相报，会让矛盾的双方陷入无休止的烦恼之中。用换位思考的方式教育孩子，情感上有利于家长和孩子的沟通交流，可以增强家长和孩子之间的信任与理解，这就为改善双方的关系奠定了基础。更重要的是，家长学会了换位思考，还能修正固执己见的不良教育方法，让家长更爱孩子，让孩子理解家长。

与孩子沟通过程中，不懂得换位思考，只要自己看着不顺眼，就会对孩子横加指责，很容易激起孩子的强烈反抗。所以，家长要改掉固执己见的不良教子方式,要懂得换位思考,试着站在孩子的立场上考虑问题。

◆ **从孩子的心理特点出发**

9岁的小琳很喜欢看电视。爸爸觉得,总看电视对孩子不好,便不让小琳看,但是小琳却坚持要看。有一段时间,小琳喜欢上了一类相亲节目,爸爸觉得不适合孩子看,便对小琳说:"这个电视节目不适合你这么小的孩子看,还是看一些动画片或者益智类的电视节目吧。"可是,爸爸越不让小琳看,小琳越想看。

爸爸坚守自己的原则,而小琳也哭闹着要看电视节目,父女俩谁也不相让,最后总是以小琳挨揍为结局。妈妈觉得这件事的处理对小琳的成长不利,于是建议爸爸换位思考,站在小琳的角度想问题。考虑到体罚并不能解决问题,爸爸接受了这个建议。

一天,当上述情况又出现时,爸爸并没有像以前那样强制换台并惩罚小琳,而是平静地对小琳说:"小琳,我知道你想看这个电视节目,但它确实不适合你看。即使你再哭再闹,我也不会答应你的要求。现在,你可以选择其他的电视节目看。"

出乎意料的是,小琳也没有像以前那样哭闹,而是乖乖地拿起遥控器换了一个少儿频道,津津有味地看了起来。

爸爸换位思考,充分尊重了小琳的心理感受,在教育小琳看电视的问题上取得了良好的教育效果。换位思考是家长在家庭教育中的最佳起点,在教育孩子时,也要换位思考,理解孩子,可能也会收到令人惊喜的教育效果。

◆ 参与孩子的活动

家长和孩子之所以会产生矛盾,很多时候是因为代沟,即家长不理解孩子的活动,总是按照自己的观点来否定孩子。对家长来说,进行换位思考,走进孩子的精神世界是很有必要的,尤其是孩子的活动,只要积极向上,家长都应该予以支持和理解。同时,家长还可以参与到孩子的活动中去,在活动中和孩子互动。这样一来,孩子就会因家长的宽容和理解学会感激,继而缓和家长之间的关系。

正在读六年级的小旺是个象棋迷,平时很喜欢下象棋。妈妈很不理解,总认为孩子下棋会耽误学习,因此总是禁止小旺玩。

不过,爸爸却很支持他。父子俩把"战场"转到了地下,经常躲在小旺的房间里下象棋。妈妈发觉了这个秘密后,她想:象棋究竟有什么魅力,让孩子这么着迷呢?带着好奇心,妈妈在网上偷偷地学习象棋,并认真研究。学会了下象棋后,妈妈才知道象棋并不像自己想的那么无聊。

从那以后,妈妈不再禁止小旺下象棋,有时还会主动和他下一盘。小旺在日记中写道:妈妈竟然喜欢上了下象棋,有时还会和我一起下象棋,能和妈妈一起分享我的快乐,我真幸运!妈妈告诉我不能因为下棋而影响学习,我一定要严格要求自己,不能辜负妈妈对我的期望!

小旺妈真是用心良苦,为了理解儿子,她主动让步,参与到儿子的兴趣爱好中去,并取得了良好的效果。由此可见,如果想让孩子更有成就感,可以改掉固执己见的教育方式,尝试着参与到孩子的活动中去,和孩子一起快乐成长。

心理换位，就是家长以孩子的身份想一想要做和将要做的事情。换位思考时，家长应充分体察孩子的角色地位、孩子的年龄特点和个性特点，这样才能有效地打动孩子，取得良好的教育效果。

## "我们都是爱你的！"
## ——多一份关爱孩子才愿意说

很多时候，孩子之所以会出现不良行为，根源就在于：没有感受到被爱、被接纳、安全感和归属感。孩子不愿意说话，很可能是为了引起大人的关注，继而获得归属感。每个孩子都渴望被爱，渴望得到家庭的温馨，一旦这种渴望实现不了，就容易产生叛逆的心理，甚至故意去犯错。既然家长们想给孩子最好的教育，不如给孩子多一份关爱。

最近雯雯感到很郁闷，因为家里多了一个小弟弟，大人都将精力都放在了小弟弟身上，无暇顾及雯雯。雯雯顿时觉得，爸爸妈妈不再爱自己了。

一天傍晚，雯雯写完作业之后，静静地坐在沙发上看电视。而妈妈因为照顾弟弟一整天，十分疲惫；爸爸刚从外地出差回来，已经一天一夜没有休息了，一进家门瘫坐在了沙发上，一句话不说，因为他一点力气也没有。当然，他们也就没注意到不远处雯雯那双期待的大眼睛。

晚饭前，家里寂静无声。饭菜上桌后，妈妈一边盛饭，一边逗旁边的儿子。雯雯觉得很气愤，扒拉了一口饭，就说吃饱了。这时，妈妈才意识到雯雯的情绪好像有点不对。

妈妈感到很疑惑："雯雯，你怎么了？"当她看到女儿的时候，似乎意识到了问题的根源所在。

妈妈走到雯雯旁边，温柔地将她抱在怀里，说："宝贝，妈妈知道自己最近冷落了你，爸爸工作也很忙，经常出差，但是我们都是爱你的，并没有因为多了弟弟，而不喜欢你了。弟弟还小，需要更多的照顾。最近一段时间妈妈做得不够好，但是我向你保证，我们会比以前更加爱你。"

接着，爸爸也抚摸着雯雯的头，点着头保证："我和妈妈都很爱你。"

听完妈妈的话，雯雯突然明白，其实她并没有失去爸爸妈妈的爱。

事实上，家长都爱自己的孩子，但是在现实生活中，很多孩子却无法感受到爸爸妈妈的爱。这种被爱的感受，是获得安全感、归属感和价值感的基础。

孩子虽然年龄小，但非常在意外部世界反馈的自我信息。他们在乎自己在别人心目中是怎样一个形象，在乎这种形象的正面意义；他们在乎别人的夸奖，并愿意顺着这种夸奖所暗示的方向去做某些事；他们也会察言观色，将自己与周围环境的改变扯上关系。

每个家长都是爱孩子的，但很多家长却不知道该如何向孩子表达自己的爱，孩子体会不到家长对自己的爱，也就无法营造良好的亲子关系。要知道，孩子的内心是脆弱的，他们都渴望被爱，渴望有个充满爱的家庭。一旦这些没有了，孩子就会觉得没人爱他们了，也会越来越叛逆，以至于犯错。

新东方家庭教育研究与指导中心主任谢琴认为，没有天生成功的父母，也没有不需要学习的父母，从终身教育的角度来看，每个人一生都在学习。因此，家庭教育并不等同于父母如何教育子女，而是家庭中的每个成员如何在这个家庭中去学习、终身学习。即使孩子还能健康成长，也会因为感觉不到家长的爱，而拉大与家长之间的距离。家长一定要明白这一点，要时刻了解孩子内心的感受，多给孩子一个拥抱、一个微笑，并告诉孩子"我爱你"。

◆ **给孩子最好的陪伴**

爱孩子，就要给孩子最好的陪伴。曾经看到过这样一则故事：

崔永元的女儿很可爱，很乖、很懂事，一点也不吵，从来不无理取闹。崔永元在电视台工作很忙，压力很大，只有到了家里才能获得片刻的放松。跟女儿在一起是崔永元最开心的事情，只不过这个愿望常常无法实现。因为工作的缘故，崔永元几乎每天都要到很晚才回家。

为了能和女儿有更多的时间相处、沟通，崔永元决定：双休日自己一定要抽出一天的时间陪女儿。带她去划船、爬山，只要是女儿喜欢的事情，就尽量满足。

崔永元用默默无言的方式满足了孩子陪伴的需求。其实，家长给孩子最好的爱就是陪伴，即使只是静静地陪在孩子身边，无需多言，一个眼神，足以让孩子那颗不安的心安定下来。

除此之外，家长还需要明白：陪孩子时，不要一边看电视，一边看手机。爱是有品质的陪伴，要设定一段时间，关掉电视，把手机放下，专心地陪孩子读本书，看他搭积木，欣赏他画的画，听他唱首歌或静静地坐在沙发上听孩子演奏一曲；可以安排一个外出活动，家人一起出去吃饭、爬山、滑雪、滑冰、看电影、看演出、听音乐会……这些"家"的活动，不是简单地陪孩子玩儿，而是在玩耍中让孩子体验到"家"的感受，体验到与家长的亲密关系。

◆ **爱中有管教**

爱孩子，要适当地管教和引导。孩子就像是小树的成长，家长看到斜出的枝蔓，要主动帮孩子剪除。

很多时候，当孩子犯错时，他们心里都很清楚自己不对，有些孩子甚至是故意犯错来引起家长的注意。家长在爱中有原则的引导，会让孩子体会到家长很在乎她，不仅不会影响亲子关系，还有利于孩子安全感和归属感的建立。

很多家长都会犯同一个错误，即对孩子的物资需求无限满足，对孩子的精神需求却很漠然。因为家长总是说："我忙赚钱，都是为了你有

好的条件生活"。但孩子需要更多的是陪伴和关怀，精神上的东西有时比物质更可贵。

## "你这道题的解题思路真奇特！"
### ——赏识孩子让孩子获得成就感

每个孩子都有自己的缺点和优点，但有些家长只会将注意力集中在孩子的优点上，根本就看不到缺点。为了让孩子改掉这些缺点，有些家长就会批评孩子。时间长了，孩子身上自然会滋生出一种消极情绪。为了解决这个问题，家长要学会多赏识孩子。

一天，小兰高兴地告诉妈妈，她的数学单元测试考了90分，比上次考试多了5分。

妈妈拿过她的试卷，看了看，生气地说："这道题，怎么能做错呢？白丢了5分。这道，你太粗心了，又白白丢了5分。你真笨！"

妈妈的话像一盆冷水浇在了小兰头上，小兰没有说什么，默默地走回了自己的房间。

爸爸走过来，拿过了小兰的数学试卷，指着一道题，问："小兰，这道题你当时是怎么想的？是不是打算用另一种方法去解决？"

小兰听到爸爸的话，立刻点点头，解释道："老师也讲过这类题目，说是还有一种解题方法。考试时，我想到了，就想试一试。可是，做着做着，就不知道思路了，结果做错了。"

爸爸给了小兰一个肯定的眼神，鼓励道："虽然这道题做错了，丢了5分，但爸爸觉得一点儿也不可惜。这道题的解题思路真奇特，我支持你以后采用没有使用过的思路来解题。"

小兰有点不相信自己的耳朵，爸爸竟然没有怪她，反而还表扬她。

爸爸拿着卷子，按照小兰新的解题思路，重新分析了一遍，小兰立马知道自己错在哪了。

爸爸提议："以后写作业，可以尝试用多种思路来解题。如此，在以后考试时，就不会局限在一个思路了。"

小兰听着爸爸的话，开心地点点头。

从那以后，小兰每次写作业时，都不局限于一种解题思路，反而尝试各种方法。渐渐地，她的成绩越来越好，有几次甚至还考了满分。

像小兰妈妈这种有望子成龙、望女成凤思想的家长，对孩子抱有极高的期望，一旦孩子有失误和缺陷，他们就会暴跳如雷、大加训斥，从而忽略孩子所付出的努力。"成就需要"是促进儿童充分发展潜能的重要动力之一，缺少这种需要，孩子的潜能也就无法得到充分发展，孩子也不会成为人格健康的人。因此，家长在教育孩子时，一定要满足孩子的成就感，多给他们一些赏识。

美国育儿专家唐·艾里姆认为，掌握好责骂与训斥的方法与技巧，才能达到教育的目的与效果。不当的责罚，不知不觉中会伤害孩子。只把目光聚焦在孩子存在的不足上，设定过高的要求和标准，对孩子来说是一种极大的打击和伤害。正确的做法应该是，用宽容和鼓励帮助孩子建立自尊、自信和自我价值。同时，在宽容和鼓励的过程中赏识孩子，与孩子建立良好的亲子关系，使孩子对新事物、对学习保持高度的兴趣。

有时，即使孩子取得的结果是错误的，但其间所付出的努力和收获却是宝贵的。例如一道比较难的数学，孩子认真思考，终于想出了计算方法。当他运算时，却因为马虎，算错了一个数字，导致整道题目的结果错了。这时，我们首先该怎么做？是训斥孩子算错了，还是表扬孩子找到了解题的方法？很多家长可能会首先想到前者，只看到结果是孩子做错了，没有看到做事过程中孩子的努力与收获。事实上，在做事和学习的过程中，孩子只要努力了就应该得到鼓励，尤其当孩子遇到挫折和失败时，更需要家长做出宽容和鼓励。要给孩子更多的喘息和自省时间，引导孩子树立自信，培养孩子对学习的兴趣。

◆ 赏识孩子要发自内心

小罗尔斯出生于美国纽约声名狼藉的大沙头贫民窟，这里环境又脏又乱，每天都会发生暴力事件，聚集着大量的偷渡者和流浪汉。耳濡目染下，小罗尔斯从读小学时就学会了逃学、打架、偷窃。

一天，小罗尔斯又从窗台上跳下，伸着小手走向讲台，正好被校长皮尔保罗逮个正着。小罗尔斯心惊胆战，心想，自己一定要挨训了。没想到，校长不但没有批评他，反而诚恳地对他说："你的小拇指这样修长，将来一定会成为纽约州的州长。"

罗尔斯大吃一惊，因为从小到大，只有奶奶给过他鼓励。当时奶奶说，他可以成为五吨重小船的船长。

罗尔斯将校长的话铭记在心里，从那天开始，"纽约州州长"就成了他心中的一面旗帜。为了实现这一目标，他洗干净了自己的衣服、更在意自己的语言、行动不再拖沓，还为自己确立了目标。

在此后的四十多年时间里，罗尔斯严格按照州长的身份要求自己，51岁时终于当上了纽约州的州长。

对孩子发自内心的赏识，作用何其大！

对待虚情假意的事情，人们都深恶痛绝，孩子们更是如此。想表扬孩子，却假心假意，孩子自然就无法体会到鼓励的意义了。既然要赏识孩子，就要发自内心，从孩子本身出发，不要把孩子与其他孩子盲目比较，更不能将孩子的短处跟其他孩子的长处作比较，要多看孩子的长处，看到孩子的进步，让孩子活出属于自己的精彩。

### ◆ 通过别人之口赏识孩子

每个人都希望获得别人的赞赏，孩子也一样，他们不仅希望获得家长和家人的赞赏，更希望得到老师、邻居、小伙伴的夸奖。家长对孩子的赏识往往只是一种主观评价，无法从实际生活中得到验证；而别人对孩子的赏识却来自实际交往，不会故意夸奖孩子，要客观得多。

通过别人的嘴赏识孩子，对孩子正确认识自己在其他人心目中的印象有很大的帮助。在生活中，适时地将别人对他的正面看法和赞赏传达给孩子，不仅可以强化孩子的信心，更能融洽孩子与他人的关系，让孩子拥有更快乐的生活。

作为家长，听到别人对孩子的赏识是一件幸福的事，及时把别人的赏识传达给孩子，孩子就会认识到别人对他的评价，感觉到别人对他的赞赏，从而激励他不断努力和进步。

赏识是指认识到别人的才能或作品的价值而予以重视或赞扬。赏识教育是指教育者赏识儿童，使儿童增强自信、主动发展的教育方式。需要注意的是，赏识教育不是一味地表扬。

## "你觉得哪种方式最好？"
## ——给孩子选择的权利

在漫长的人生道路上，孩子总会走到十字路口，需要自己做出选择。选择正确了，就能抓住机会；选择错误了，机会就会流失。选择也是一种能力，需要从小培养。大包大揽地为孩子做决定，结果总会事与愿违。将选择的权利还给孩子，孩子很可能会取得意想不到的成绩。不要担心孩子经验少、走弯路、遭受挫折。让孩子学会选择，他们才会学习思考。懂得选择的孩子，才知道自己究竟想要什么。

看到身边的孩子都报了兴趣班，张兰也想给孩子报个班，可是她不知道该报哪个。张兰跟朋友讲起了自己的困惑，朋友说："只要是孩子喜欢的，就是最好的。"

张兰说："我儿子喜欢架子鼓，每次去我姐家，他都会跟他表哥学。可是，我觉得儿子学架子鼓不合适，想给他换个兴趣班。"朋友听后，没再说什么。

第二天,张兰就强拉着孩子报了英语班,希望能提高儿子的英语水平。可是,儿子没有兴趣,每天学得无精打采,效果也不好。张兰生气地说:"我选的是最好的班啊,花了那么多钱,你怎么一点儿都不知道珍惜?"

张兰有些难过,再次找到朋友,说了自己的问题。

朋友说:"其实,在报班之前,你应该先问问孩子,让孩子自己选择。"

紧接着,朋友给张兰讲了个故事:

有个孩子18岁,没有自主性,连日常小事都没有主见,例如报学习班,问他想学什么,他就说"随便";考大学,问他想去哪所,他说"随便";妈妈让他自己买衣服,他不愿意,要妈妈买;出去吃饭,问他想吃什么喝什么,孩子也都是"随便"……有人问孩子为什么总说"随便",孩子说:"不是我不想做主,而是做了也没用。即使我说了自己的意见,他们也不听。"

听后,张兰若有所思地说:"幸亏有你的提醒,我这样剥夺孩子的选择权,岂不是害了孩子!"

意识到自己的错误后,张兰立刻就改正,将辅导班的选择权还给了儿子,让孩子选择了自己喜欢的课程。

不仅如此,遇到跟孩子有关的事情时,张兰也会提些意见,问孩子觉得哪种方式最好。

相信,在很多家长身上都有这位妈妈的影子,不仅在生活上把孩子照顾得无微不至，甚至还将孩子生活中的每一次选择也都代劳了。从上哪个幼儿园、哪所小学，到考哪所中学、哪所大学、学什么专业，再到未来的职业选择、择偶标准……一路下来，孩子不用自己插嘴，也不能插嘴，只要跟着走就行。

有条微博曾被网友疯狂转发，名字是中国式家长——5岁：孩子，我给你报了少年宫；7岁：孩子，我给你报了奥数班；15岁：孩子，我给你报了重点中学；18岁：孩子，我给你报了高考突击班；23岁：孩子，我给你报了公务员；32岁：孩子，我给你报了《非诚勿扰》。

从一个幼儿到成人，孩子的成长都要靠他自己，他的事情谁也代替不了。况且，成年人尚且不能设想自己十年后、二十年后的情形，更不要说为孩子做一辈子主了。每个人都有属于自己的人生，必须独立承担起生命里的责任。家长的责任不是为孩子安排好一切，更不是代替孩子做一切，而是引导孩子独自处理遇到的一切。

没有主见是可怕的，没有主见得会活在别人的意见中。在不同的意见之间徘徊、犹豫，不但会让人心力交瘁，还无法当机立断地把事情做好。因此，家长不能太让孩子依赖自己，要在平时的生活中培养孩子的自主意识，让孩子从小学会做决定。

◆ **给孩子选择的空间**

男孩15岁时告诉母亲："妈，我将来一定要竞选美国总统！"

母亲回答："孩子，我相信你能行。妈妈也曾有过这样的梦想，只是后来觉得做一个让病人喜欢的护士更合适，之后我就放弃了。现在，对你来说，也许正是实现梦想的最好时机。"

这个孩子就是日后的美国总统比尔·克林顿,他是美国最优秀、最有魅力的总统之一。

孩子是一个独立的个体,也是家庭的一员,有权利提出想法和意见。家长们要放开孩子的手、嘴和大脑,让他们行使自己的权利,鼓励他们敢想、敢做、敢说。

家长要给孩子自由选择的空间,给孩子下达硬性指令,靠唠叨来督促孩子,效果往往并不好。因为硬性指令孩子多半不会听。看到孩子不听自己的话,不断地反复催促,结果可想而知。

◆ 让孩子自己做决定

给孩子单独思考、学习和玩耍的机会,让孩子成长为一个独立的、有主见的人。只要不是原则性的问题或危险的事情,都可以放手让孩子自己去做。

1.给孩子一定的权利。要了解孩子在生活中的权利和职责:作为家庭中的一员,孩子有不同意家长意见的权利,在对他们有影响的决定上,有发言权。

2.给孩子做决定的机会。只要不是原则性的问题或危险的事情,家长都可以放手让孩子自己做决定。

3.尊重孩子的意愿。家长应尊重孩子,把他当作家庭中平等的一员来对待。同时,要尊重孩子的见解,即使是不同意时,也要用商量的口吻表示对孩子的尊重。

给孩子选择的权利，并不意味着放手不管。很多时候，孩子不能正确地决定一件事情或者不知道该怎么做时，家长也不能袖手旁观，适当引导并让孩子做决定，会让孩子更加明确一些事情，加强自信，且有安全感。

## 第七章　掌握沟通技巧，孩子更加乐意听

> 万事皆有方法，亲子沟通同样如此。虽然我们掌握了孩子的心理特点，知道了孩子的秉性，了解了孩子的问题，但是如果不掌握沟通技巧，生拉硬拽，同样无法实现畅通的亲子沟通。因此，如果想培养一个"听话"的好孩子，就要学习一些沟通技巧。当孩子愿意听你讲话的时候，自然就会"听话"。

### "想想看，故事的结尾会怎样？"
### ——多启发让孩子的小聪明转化成智慧

6~12岁的孩子通常都喜欢听故事、玩游戏。讲故事时，家长可以给孩子留出结局悬念，可以引导孩子转动脑筋，展开想象。如此，孩子的参与热情就会被激发出来，更可以锻炼孩子独立思考的能力。很多时候，孩子之所以不爱说话，主要原因之一是家长平时没有对孩子做过相关的训练。

在小牧小时候，爸爸发现他特别喜欢听故事，于是爸爸就经常用故事来启发孩子，让他多动脑筋。

爸爸讲故事与别人讲故事不同，他只是把故事的开头和过程讲得特别详细，但结局不告诉儿子，而是告诉儿子："想想看，故事的结尾会怎样？"接着，小牧通过想象去猜测结尾。当然，他还要说明为什么会有这种结尾，且要说出两个以上的不同结尾。最后，爸爸才会告诉儿子原有的结尾。

在爸爸的训练下，小牧的思路越来越开阔。

小牧从小就喜欢做实验性游戏，只要爸爸跟自己一起做有趣的实验游戏，他就会兴奋起来。这天，父子俩与往常一样动起手来，爸爸讲述，他动手。

"小牧，从你的玩具中，找出两个同样大的杯子，一个比杯子大点儿的碗或锅。"

小牧将三样东西拿来："爸爸，你看行吗？"

爸爸满意地说："行。你用锅装些水来，之后将水分别倒进两个杯子，要求两个杯子的水同样多。"

小牧按示意进行。爸爸问他："你看，两个杯子的水，是不是一样多？"

小牧左看看右瞧瞧，说："啊，是一样多。"

"将一个杯子的水倒进锅里，再看看，是锅里的水多，还是杯子里的水多？"

小牧不假思索地给出令爸爸满意的答复："一样多。"

"为什么？锅里的水这么少，杯子的水那么多，怎么会一样多？"

小牧从容地说："这两个杯子同样大，我倒进的水同样多，然后再把杯子中同样多的水倒进锅里，因为锅比杯子大，所以看起来锅里水像少些，其实它们是一样多。"

犹太人有一句格言："自己不去思考和判断，就是把自己的脑袋交给别人看管。"正是由于他们善于思考，敢于挑战自我，才在环境恶劣的沙漠中创造了奇迹——实现了让沙漠盛开鲜花的梦想。思考力是我们唯一能完全控制的东西，没有正确的思考，就不会有正确的行动。事实证明，成人事者都养成了勤于思考的习惯，善于发现问题、解决问题，不让问题成为人生的难题。

有一个流传已久的笑话：在一所国际学校里，老师给各国学生出了一道题："你们有没有思考过，世界上其他国家粮食紧缺的问题？"学生们都说"不知道"。非洲学生不知道什么叫"粮食"，欧洲学生不知道什么叫"紧缺"，美国学生不知道什么叫"其他国家"，中国学生不知道什么叫"思考"。

看完这个笑话，我们不禁要问：是谁偷走了孩子的思考力？孩子能否成才，最关键的还在于能否进行有效的思考。

任何一个有意义的构想和计划都是出自思考，思考可以支撑起人生。敏锐的思维并不会从天上掉下来，而是需要经过严格的训练和培养。所以，培养孩子的独立思考能力也是家长牢记的关键。

◆ **给孩子创造思考的情境**

要想培养孩子的思考力，就要主动给孩子创造一些思考的情景，比如可以与孩子一起逛博物馆、动物园、科技馆，和孩子一起阅读或看电视，然后问孩子看到了什么，听到了什么。

家长在与孩子相处和交谈中，要以商量的口气进行讨论式的协商，留给孩子思考的余地，要给孩子提出自己想法的机会。可以根据交谈内容经常发问，如："这两者有什么关系""你觉得怎么做会更好""你的想法有什么根据"等，以引起孩子思考。

为孩子创造一个思考的氛围，保持家庭成员之间的和睦相处是十分必要的，遇事互相探讨，共同商量，让孩子在平等的气氛中长大，这样才能使孩子有开放的思维、愉悦的心境，闪烁出创造的思维之光。

1.一边讲故事，一边促使孩子思考。孩子一般都喜欢听故事，在给孩子讲故事或者孩子读故事的时候，家长要为孩子设置思考的情境，留下悬念让孩子去思考，促使孩子的思考力不断提高。

2.将孩子的提问充分利用起来。生活中，孩子总会遇到各种各样的问题，当他们向家长咨询时，不要立刻将答案告诉他，而是要让他们多思考一会儿。如果孩子实在不知道答案，再帮孩子解决。如果孩子只回答出一部分，家长就要引导他们找到答案。

3.猜谜语、做智力测验的时候，家长要鼓励孩子思考。在跟孩子玩猜谜语或智力测验时，要鼓励孩子多思考。为了得出答案，孩子多半都会积极想办法，反复思考。在这种过程中，孩子的思考能力也会逐渐增强。

◆ **保护孩子的好奇心**

保护孩子的好奇心是引导孩子学会思考的基础。日本儿童早期教育的鼻祖木村久一说："家长要善于细心地观察孩子，从孩子的一举一动和只言片语中去发现孩子的求知欲。"好奇心是孩子的天性，是孩子们求知欲望的反映，也是孩子智慧火花的迸发。独立思考能力强的孩子，一般都有着较强的好奇心。

作为家长,不仅要尊重、保护和正确引导孩子的好奇心,更要努力激发他的好奇心,使孩子幼稚的好奇心发展为强烈的求知欲。对孩子提出的问题,要确切、通俗易懂、有条理地给予答复。这对培养孩子的想象力、思维能力有很大的帮助,使孩子强烈的求知欲和好奇心不至于泯灭,从小就能养成勤于思考、勇于探索的好习惯。

1.创造满足孩子好奇心的环境。对孩子来说,室内的客厅、厨房、阳台、室外的公园、马路、拐角等,都能引发他们的好奇心。家长要根据孩子的兴趣爱好,为他们提供适当的材料和实践机会,鼓励他们动手实践和体验。

2.鼓励孩子有好奇心。如果孩子的好奇心仅停留在好奇层面上,这种好奇也只是一种好奇而已。好奇是创造力的源泉,孩子在玩耍的时候,要引导他们发挥想象力,寻找更多的新玩法。

生活中孩子遇上难题时,一般都会向家长求助,如果家长不加思索就把答案告诉孩子,慢慢地,孩子再遇上自己不懂的题目时,就不愿意思考,指望家长给出正确的答案。每个孩子都有一定的独立思考能力,当孩子向家长求助时,家长首先要鼓励孩子认真思考一下。如果孩子确实想不出来,家长可以逐步提示,引导孩子思考,并找到解决问题的答案。

## "记住,这件事就是你做得不对!"
## ——使用"告诫"的方法成就孩子

生活中,有很多孩子都喜欢搞恶作剧,尤其是在课堂上。例如,故意弄出一些声响来引起他人的注意,给前桌女同学的辫子上系个小物件或在别人的背上贴个小纸条,老师让他组词造句,他会造一些不雅观的句子,引得同学哄堂大笑……对于小学阶段的孩子,坐不住、爱搞恶作剧、不听话、耍无赖,这是很正常的事情。这时,家长粗暴地打骂他们并不能解决问题,而一味地纵容,只会害了孩子。正确的做法应该是:告诫孩子哪些事情不能做,为什么不能这么做。

儿子正上小学二年级,整天处于极度亢奋中,变着法调皮捣蛋,且破坏力极强,着实让妈妈感到头痛。在学校,儿子不老实,经常搞破坏和恶作剧。比如往同学的凳子上故意洒水、把同学的练习本撕烂、把黑板擦丢到垃圾桶里……有一次,他不知道从哪里弄来一只壁虎,放在了女同桌的铅笔盒,吓得女同学大哭,他却在一旁哈哈大笑。虽然老师批评了他,但他依然没有改正。

儿子喜欢看武打片,或许是受电视剧的影响,儿子变成了每个人敬畏的"大侠",家中的花花草草都成了儿子的"敌人":原本刚直挺立的文竹被强行"理了发",仙人掌的叶片则被铁钉"穿心",无花果更是被他用木棍敲得七零八落……更严重的是,儿子竟然把爷爷的新拐杖改造成了金箍棒,还用水彩将两头涂成了黄色,中间涂成了红色。

妈妈感到很无奈,但是这些事情对于儿子来说,都是家常便饭。她实在不知道该如何处理。爸爸回来后，了解到事情的原委，大声说："记住，这件事是你做得不对，我先给你个警告，但事不过三，如果你一直不改正，就必然要受到惩罚！还有，你要拿自己的零花钱，给爷爷重新买根拐杖！以后，弄坏了东西，你都得赔！"

孩子犯错，很多家长就会为如何惩罚孩子而发愁，知道不能容忍孩子的错误行为，也不能为孩子找借口，但是一提惩罚孩子，好像就只有打和骂才能解决问题。其实，选择惩罚时，家长不妨先冷静下来对孩子进行事先警告，明确告诉他：如果你再犯，就会打你五下手心或者罚你写保证书等，让孩子迅速理解家长的意图。

例如孩子贪玩，故意把刀叉扔在地上等妈妈捡起来。妈妈将刀叉捡起来后，孩子又抓过来扔到餐桌下。这时，妈妈可以警告他："如果我把刀叉捡起来，你再扔掉，就不准你吃饭了，待会你饿了我也不会管你。"

提出警告后，如果孩子还是故意为之，家长就一定要执行说好的惩罚，不要让孩子存有侥幸的心理。如果你不处罚，以后便难以下达命令，惩罚也就失去了作用。

◆ **给他立下做事的规矩**

任何孩子都不是天生就爱胡搅蛮缠的，孩子的这种行为大多是在后天的教育或影响下产生的。比如，家长平时特别娇惯孩子，无论孩子提什么要求都无条件答应。时间长了，孩子一旦达不到自己的目的，就会变得胡搅蛮缠；家长教育孩子没有统一的标准，自己高兴，孩子怎么做都无所谓，自己不高兴，怎么看孩子都不顺眼。这样一来，孩子心中没有做事的是非标准，自然就显得爱胡搅蛮缠了。

6~12岁的孩子胡搅蛮缠，大多都是为了满足自己的不合理要求。如果出于各种各样的考虑，迁就或纵容孩子，很容易助长孩子胡搅蛮缠的不良习惯，让孩子更加肆无忌惮。所以，无论何种原因，都不能轻易迁就孩子的胡搅蛮缠，一定要给他立下做事的规矩，并严格执行。比如出门前，跟孩子约定好：只购买多少钱范围内的商品，超过这个价格，就不会买。

◆ **警告孩子，也要一分为二看问题**

孩子内心深处都有一种探索的欲望，希望搞清楚事物内部隐藏的秘密或者运行的原理与规律。因此，有些孩子喜欢破坏，而这正是孩子可贵的天性。正如爱迪生当年孵小鸡一样，他想通过自己的努力孵出可爱的小鸡来。虽然这种行为很幼稚、很可笑，但却是一种宝贵的探索精神，对孩子未来的发展意义非凡。对于孩子的这种做法，家长既不能打压，也不能取笑，应该采取先贬后褒的方式进行合理引导。

有的男孩喜欢拆装玩具、钟表、电视机、电脑等，对于这种情况要具体分析，如果男孩的拆装行为会造成财物的重大损失或者会对自身的安全造成一定的隐患，家长就应当劝男孩不能随便拆装电器等，然后褒扬他这种可贵的"研究"精神，引导他在安全和许可的范围内进行拆装，甚至可以和他一起拆装、探讨，并给他讲明其中的原理，相信他一定会变得乖很多。

对于女孩的涂涂画画，也要具体问题具体分析。有些女孩爱在墙壁上或者被单上进行涂画，家长既要批评女孩这种行为方式是不对的，又要肯定她的"杰作"富有想象力,具有一定的艺术水平、发挥潜力等,最后引导她把自己的"创意"表现在纸上,甚至可以鼓励她参加绘画比赛。

家长对孩子的警告教育不是一蹴而就的,孩子的成长是一个不断犯错、纠正、改正的过程,这一过程是很漫长的。作为家长,千万不要认为一次简单的警告就足以让孩子改变,必须不断地重复、重复、再重复。

## "这件事情我不能答应你!"
### ——对孩子的无理要求懂得说"不"

面对孩子的无理要求,有些家长会说"下不为例哦""好了,别哭了,买就是""好吧,这次我带你去玩,以后不许再这样耍赖哦"……在生活中,他们充当着老好人的角色,不仅自己省心省力,孩子也高兴。然而,孩子只会变本加厉。因此,对于孩子的无理要求,家长要学会适当拒绝。

老吴的儿子今年9岁,正是淘气的年龄。然而,淘气归淘气,如果想要什么或者需要家长帮忙时,他会用大人的语气来征求意见,孩子惯用的耍赖"伎俩"在他身上几乎不见踪影。

老吴的教育理念是要懂得跟孩子说"不"。孩子在很小的时候,老吴就敢于拒绝孩子的不合理要求。

吃饭时,如果儿子遇到不爱吃的食物就不吃饭。家里的老人心疼孩子,尤其是奶奶,总会端着碗追在后面,一顿饭的时间要拉长到近两小时。若是饭食不合孩子的意,老人就会把孩子爱吃的零食摆成一条长龙,让他自己挑选。此时,老吴就会出来制止。

为了不让老人参与到教育中,老吴给老人报了个旅游团,让两位老人出去旅游。趁那段时间,老吴好好地"修理"了孩子。

吃饭时,儿子故技重演,说:"你们做的饭菜不好吃,我想吃零食,不然就出去吃饭。"老吴认真地告诉他:"这件事我不能答应你,你要尊重妈妈的劳动成果。妈妈做的饭,都是合理搭配的。你不爱吃,是你自己的问题。"

儿子不听,也十分抗拒,一直喊着"要奶奶"。老吴对孩子的吵闹不理不睬,反而认真地告诉孩子:"不吃,就只能挨饿!"

折腾了几次,小家伙发现老吴没有丝毫的松动,就乖乖地吃起了饭。

当孩子提出不合理的要求时,给他破例一次,他还会贪心第二次。而有些家长在孩子面前是最狠不下心的,等到第二次,说不定又会以一句"下不为例"应付过去了。

人的欲望是没有止境的,孩子也是一样。家长要记住:一些原则性的事情,不能答应,就是不能答应。孩子碰了一次壁,知道耍赖也没有用,下次也不会再如此了。对于过分的要求,没有"下不为例"可言。

有人说:如果想毁一个孩子,家长可以一直顺从,不讲原则。这种做法,往往只是解决了孩子的情绪问题,并没有真正解决问题。如果要成就孩子，就应该学会适当跟孩子说"不"。刚开始，孩子可能听不懂大道理，但是随着年龄的增长，那些道理会潜移默化地影响他，让他成长为一个自律的人。

◆ **拒绝孩子后要简单做出解释**

很多时候，孩子比家长想象的要懂事得多。拒绝孩子后，家长要向他们作出解释，这会让孩子感受到家长对他们的尊重，同时也在家庭中营造了民主、和谐的气氛。这样，孩子不但容易接受拒绝，也能学会理解和支持家长。

当然，向孩子做解释时要注意以下两点：

1.通俗易懂。向孩子解释原因并不是为了说教。如果一句通俗的话就能说明的问题，家长就没必要大讲一通道理了，这样只能让孩子讨厌。

2.就事论事。在解释时，不要产生丰富的联想。既然是在说这件事，就不要扯到其他毫不相干的事上。比如要解释周末不带孩子去公园玩耍的理由，就不要批评孩子上次数学没有考好，否则会偏离主题，无法让孩子信服。久而久之，孩子就不再愿意听家长的任何解释了。

◆ **一旦说"不"，就要坚持下去**

既然已经拒绝了孩子，就要坚持下去，以后遇到类似的事，依然要拒绝。不能这次拒绝了，下次又同意了。反反复复，只会让孩子觉得大人说话不算数，从而在孩子面前失去威信。

拒绝孩子后，不要觉得于心不忍，就干脆满足他们。拒绝后，不要因后悔而收回自己说过的话。不论何种原因，都不要在孩子面前表现得出尔反尔……即使孩子哭了，也要坚持原来的决定。

如果拒绝孩子后又发现有不妥之处，可以在以后来弥补，但不要当场反悔。尤其是，不能因为孩子的撒娇、哭泣而改变决定，否则会间接强化孩子的这种不良行为，导致他们用撒娇、哭泣来获取他们想要的东西。

初次拒绝孩子，孩子可能会继续哭。这时，家长一不要打他，二不要骂他，三不要在这时给他讲道理，因为孩子小，很多言语听不明白，四不要走开，要让他一直感受到你不让步的态度。最好的方法是坐在他面前，看着他哭。向他表明你的态度，且要坚决！

## "星期天带你的好朋友来家里玩吧！"
## ——善待孩子的朋友孩子才会张开嘴

现在的时代对孩子提出了更高的要求，孩子不仅要有高智商的头脑、健康的身心，更要掌握一定的交往能力。因此，为了培养孩子的交往能力，就要鼓励孩子多带同学朋友回家，让孩子学会招待客人。当孩子将关系不错的伙伴带回家时，家长一定不要厌烦他们弄脏了屋子或者弄歪了桌椅。只有这样，孩子的朋友才会觉得你是一个好爸爸或好妈妈，才会更愿意跟孩子交往。

小静是名五年级的学生，成绩优秀，但很少和同学一起玩。她一直独来独往，沉默寡言。在学校，凡事有集体游戏、集体活动时，她宁可在旁边看着大家玩也不愿意参加；每天上学、放学都是一个人，课间也只是一个人默默地坐在课桌前，或发呆，或做自己的事。

妈妈在跟班主任沟通的时候，知道了这件事，决定跟女儿好好聊聊。

晚上，妈妈问女儿："你在学校开心吗？"

"不开心。"

"有好朋友吗？"

"没有，我不喜欢和他们一起玩。"

"为什么？"

"我也不知道为什么，反正就是不喜欢。"

……

这件事情让妈妈陷入了沉思：孩子不会跟同龄人交往。在家里，大人都对她无限包容，可是跟同龄孩子接触就不一样了。孩子接触最多的是同学，必须让孩子尽早学会与人相处。

意识到这个问题之后，妈妈就开始有意识地改善女儿不愿意和朋友玩的问题。

周六，妈妈鼓励小静："明天是周末，星期天带同学来家里玩吧！妈妈给你们烤披萨，现在天气热，你们在家里玩，也尝尝我的手艺……"

刚开始时，小静还有点不愿意，但是妈妈鼓励她拿出电话跟同学联系，小静只好硬着头皮给两个住得比较近的同学打了个电话。

第二天，两个小同学如约而至，三个孩子一边玩，一边聊天。渐渐地，小静脸上的笑容越来越多。

妈妈热情招待了两个孩子，为她们切了水果拼盘，还准备了一些小零食、酸奶。中午，妈妈烤了一个大大的披萨，还做了几个拿手好菜，三个孩子吃得津津有味，那两位同学也边吃边说："有机会还要来玩。"

随着生活条件的改善，很多孩子都住在单元楼里，但对很多孩子来说，待在里面无异于被关在监狱里。他们需要跟同龄的孩子说笑、游戏，但是受环境所限，很多孩子并没有机会接触更多的小伙伴。好不容易盼到家长出门，能跟其他孩子玩一会儿，却因为家长的阻拦而放弃了。

不善待孩子的朋友，其实是在限制孩子在与人交往方面的锻炼，限制孩子性格的正常发展。孩子一般都羡慕那些为人宽厚的爸爸妈妈，他们认为："这才是真正的好家长！要是我的爸爸妈妈跟他们一样就好了。"

善待孩子的朋友会在孩子那里赢得好名声，孩子也会乐观而自信。作为家长，一定要明白，随着孩子年龄的增长，孩子带朋友回来，也是他交友能力的一种体现，应该全力支持他，努力为孩子提供一个轻松舒适的环境。

另外，当孩子的朋友来家里玩时，一定要善待孩子的朋友。因为只有这样，他们才更愿意来家里做客，才更喜欢和自己的孩子做朋友。反之，粗暴地对待孩子的朋友，不仅会让孩子自尊心受伤，还会使朋友远离自己的孩子。

◆ **鼓励孩子邀请朋友来家里做客**

作为孩子人生中的第一位老师，家长在孩子的一生中所起的作用至关重要。因此，要想让孩子爱交往、会交往，就要通过各种机会有效促进孩子社会活动能力的发展。比如经常找机会带孩子与同龄伙伴一起玩耍，为孩子创造一个与伙伴交往的氛围，让孩子在不知不觉中提高交往能力，收获与其他孩子的友谊。

同时，要尽可能地为孩子打开生活空间，让孩子更多地与同龄伙伴交往，比如邀请孩子的同学和朋友来家里做客，千万不要因为嫌吵、怕乱、怕影响自己的生活，拒绝让孩子的小伙伴到家里来；对做客的孩子要热情、温和，尽量为他们营造一个轻松和谐、自主自由的交往环境。

当然，在节假日时，家长们还可以主动联络，相约一起出来玩，主动为孩子创造在一起的机会，鼓励孩子和小伙伴们一起游玩、一起活动。

◆ 欢乐和谐的家庭气氛

当孩子把朋友或同学带回家的时候，要努力为他们创造一个和谐的氛围，比如：

1.尽量不要大吼大叫。孩子们在一起玩的时候，孩子难免犯错，若将桌子搞脏了或者将椅子碰倒了……这时候，可以先将问题放一放，等到孩子的朋友走了，再摆事实讲道理，尽量不要在孩子有朋友在的场合去指责他、要求他。否则，即使你说得再多，孩子也听不进去。

2.不说孩子的缺点。不要在孩子的朋友面前做孩子的敌人，不仅不要当众说孩子的缺点，有时还要故意表扬孩子。不拿孩子与其他孩子比，相信自己的孩子是最棒的。

3.不讲孩子的糗事。为了活跃气氛，有的家长会讲出孩子小时候的某些糗事。这样听起来似乎没什么大不了，但是却会给孩子的生活带来一些困扰，让孩子成为别人的谈资。

孩子交朋友往往是为了一起玩、一起高兴，而不做过多的考虑。若不幸遇到不好的朋友，很容易被带入歧途。所以，家长平时要多向孩子灌输一些择友的标准，告诉他哪些朋友可以交，哪些不能交，结交不良的朋友会给他带来怎样的坏处。要让孩子知道，交朋友要观察其人品，要看他平时是怎样待人接物等。

## "回房间好好想想。"
## ——冷静处理让孩子认识到自己的错误

孩子、犯了错误，会感到愧疚，也会主动想办法改正。问题是，家长怎样对待，怎样启发他们认识到错误。如果一味地责骂孩子，只会引起孩子的反感，即使原本是要去反省的，可能他们也不会去了。

其实，孩子犯了错，家长完全可以保持沉默，学会冷处理。教育孩子需要奖励与惩罚手段并行，给孩子独立的空间，让孩子冷静下来，孩子自然会对问题进行思考，继而知道自己错在了哪里。

在孩子成长的过程中，家长的责任实在重大，不仅要纠正孩子的错误，还要注意孩子的思想变化。

生活中，很多家长都抱怨孩子不肯或不能讲出自己的心事。其实，只要注意一下自己聆听的态度，孩子可能就会主动跟你讲述了。当孩子在倾诉自己的心里话时，也不能打断，应该用心去听孩子的感受，不能立刻就给孩子批评或建议："真丢脸""你应该……""你不应该……"要尽量以接纳的态度了解孩子。

孩子的生活并不是只有家长的指责与打骂，让孩子先冷静一段时间，未尝不是一种好方法。犯了错误的孩子很容易意气用事，同时家长也容易生气，让孩子先回房静下心来想一想，他们就会发现自己所犯的错误，继而意识到自己的不应该。这种方法远比家长给孩子指出错误更有效。

◆ 提前将惩罚后果告诉孩子

理论上讲，对于孩子的不良行为给予一定的惩罚，可以使孩子明白行为和后果的关系，同时也可以教会他什么是责任——承担后果就是他的责任。如果家长决定使用这种处罚方式，最好事先向孩子解释清楚后果是什么，给孩子一个明确的警告。

◆ 给孩子追加一些家务活

有的孩子为了躲避他不喜欢的家务活，会服从家长订的规矩，表现得很合作。小青就属于这一类。每次他一有不好的行为，妈妈就会要求他："过来，把垃圾袋套在垃圾桶上。"或者让他负责拿簸箕，一起扫地。当然，给孩子加的家务活要与他造成的后果相联系，别让孩子认为家务本身是一种惩罚。

同时，也可以让孩子做一些他以前没有做过的家务，当作对他不良行为的一种惩罚。例如事先准备好一列家务清单，罗列出 3~4 个孩子最不喜欢的家务活，如扫地、收拾东西等，孩子就能知道自己的不良行为会招致哪种后果。

打孩子是一种糟糕的处罚方式。孩子的淘气和任性会激怒家长，失去忍耐的家长常会一气之下对孩子大打出手。家长避免自己过激反应的最好方式，就是让孩子在自己的房间里反思。在孩子的房间里，他会有时间反思自己的行为，家长也有时间去考虑是否有必要责罚孩子和采取什么方式。

## "想想姥姥也挺不容易的！"
### ——和孩子讲讲自己小时候的故事

家长是孩子的第一任老师，在平时的相处中，可以多给孩子讲讲自己小时候的故事。生活在不同时代的人，会演绎出不同的时代故事。在不同环境中成长的人，会有完全不同的经历。孩子所处的时代，家长小时候所处的环境已经大大不同，对事物的理解和认知也会有差异。给孩子讲自己小时候的故事，不仅可以丰富孩子的知识，还有利于增进与孩子之间的交流和沟通，促使良好亲子关系的形成。

小桐是个五年级的孩子，家庭生活富裕，是一个娇滴滴的小公主。平时她的事几乎都由大人代劳。

一次放学的时候，正好赶上下雨。小桐不想踩到水，就让妈妈背着她从学校回到家。

到家之后，爸爸呵斥："这么大了，怎么能让妈妈背着回来？"小桐不以为然。妈妈也已经意识到这样下去小桐只会越来越娇气，受不了任何苦，承受不住一点点挫折。为了让小桐明白大人的良苦用心，晚饭后，妈妈对小桐说："当我跟你一样大的时候，家里条件不太好，每天都要步行五里地去上学，你姥姥平时要在家照顾孩子，还要做家务，干地里的农活。一个冬天，下着大雪，放学回家的路上，我看到了你姥姥。她穿得很单薄，但一看到我，她就把棉袄脱了下来，给我披在身上，然后拉着我的手往回走。当时，你姥姥还在发高烧，回到家，嘴唇都冻紫了……"

故事不知道讲了多久，妈妈和小桐都沉浸在无限的伤感之中，小桐抱着妈妈的胳膊，说道："姥姥真是不容易。"

"恩，姥姥不容易，刚才下着雨，你让妈妈把你背回来，有没有想过妈妈也很不容易？"这时，爸爸也开口了："妈妈要上班，回家还要做家务，还要接送你上学，你说妈妈是不是很累？"

小桐听后，感到很愧疚："我当时就考虑自己了，没有考虑妈妈，对不起妈妈，我以后一定会不这样了。"

生活中，很多孩子都只顾及自己的感受，不懂得体谅、心疼家长。其实，孩子们之所以会出现这种情况，与他们在家庭中接受的教育有关。现在很多孩子都是独生子女，家人都围着孩子一个人转，一家人都以孩子为中心，时间一长，孩子就会觉得这一切都是理所当然的。孩子在衣来伸手饭来张口的环境下成长，已经习惯了被关注和宠爱，不仅无法体谅和心疼家长，甚至还有可能会对家长的"诉苦"感到厌烦。

有时候，孩子之所以会不体谅长辈、顶撞长辈，一个重要的原因就是对长辈没有产生同理心。而给他们讲讲老人或自己的故事，就是让他们产生同理心的一个好方法。

长辈通常都有着丰富的人生经历，而且对于自己的子女都付出了全心的爱，甚至对孙辈也是如此。如果想让孩子对他们多一些体谅，就要给孩子讲讲：老人对自己的好。一旦孩子的内心被打动，他们就会对老人多一些尊重和理解了。

◆ 跟孩子分享自己的童年经历

"孩子无法参与家长的童年，但当孩子遇到童年的妈妈（或爸爸），究竟会撞出什么火花呢？"这是个很有趣的想象。当家长试着在孩子面前说出童年的自己，孩子就更容易接纳现实中的你，更能了解真正的你。

诺贝尔文学奖获得者莫言在瑞典学院发表的文学演讲中说："我是一个讲故事的人，因为讲故事我获得了诺贝尔文学奖。"莫言不仅讲了母亲的故事，还讲述了自己的故事、高密东北乡的故事，语言精彩，感人至深。

因此，如果想跟孩子和谐相处，就要多跟孩子分享一下自己童年时如何度过的，比如，小时候在小伙伴之间发生过哪些有趣的事，上学时期，哪些同学令你钦佩，遇到问题的时候，小时候的你是如何解决的等。

◆ 给孩子讲讲长辈的优点和成绩

举两个例子：一个是家长整天都给孩子讲，爷爷年轻的时候多么好赌，爷爷奶奶年轻时候如何打架；一个是家长经常给孩子讲，爷爷为人多么豪爽、勇敢，爷爷奶奶年轻时多么和谐相处……想想看，哪个例子对孩子的成长有利？相信，大家都会说后者。因此，为了让孩子对长辈多一些尊敬，为了孩子的心理健康，就要多给孩子讲讲：老人有哪些优点，他们曾经做过哪些令人敬佩的事情，他们在工作中做出过哪些成绩，他们遇到事情的时候，是如何冷静或者果敢等。

任何人都不会对一无是处的人心生好感，孩子也是如此。要多找找老人或长辈的闪光点，然后讲给孩子听。一旦孩子对长辈产生佩服之情，他们也就不会顶撞长辈了。

当孩子懂事后，就会慢慢关注家长。孩子都想知道家长小时候的事情，把自己小时候的小事进行整理，用绘声绘色的语言讲给孩子听，既能开阔孩子的视野，又能加深家长与子女之间的情感互动，让孩子在潜移默化中理解家长。

## "跟爸爸说说，究竟是怎么回事？"
## ——以疏导为主，不要强迫孩子

任何事情的出现都是有原因的，如果孩子出现了问题，就要让孩子将事情讲清楚，之后再进行合理的疏导。一味地强迫孩子，只会让孩子倍感压力，只会堵住孩子的嘴。一定要记住：疏导的效果远大于强迫！

妈妈从小就喜欢管着小蒙。小蒙正在洗手间梳洗，妈妈就会推门进来说："又是先洗脸后刷牙，我跟你讲过多少次了，为什么不听，一定要先刷牙后洗脸！明天记住，要先刷牙后洗脸，然后再梳头。"

小蒙噘着嘴，一副厌烦的样子。吃饭时，小蒙从房间出来，妈妈抬眼一看，顿时发火了："我告诉你要穿那套新买的裙装嘛！我把它放在你床头，你没有看到吗？"

自从进入六年级以来，小蒙更没有了自由，不能自己支配时间，整天埋在书桌旁那半尺多高的题海中。为了让她好好学习，妈妈把小蒙刚买的羽毛球拍没收了，挂在墙上的明星画也被没收了，都换成了"学习计划""十不准"以及"快学习"的警告条。每天放学回家，除了吃饭，小蒙都被关在书房里，每天不到凌晨1点钟不许睡觉。

有一次，小蒙做完了作业，第二天要上的课也预习了。看到妈妈不在家，她轻松地伸了个懒腰，顺手打开了久违的电视机。不料，她刚打开电视，妈妈就回来了。

妈妈沉着脸，对小蒙吼道："不去复习，你还有时间看电视……"后面的话，小蒙一句也没听进去，委屈的泪水顺着脸颊直流下来。

爸爸下班回到家,看到委屈的女儿后,就问:"怎么了?跟爸爸说说,究竟是怎么回事?不是妈妈逼你,而是你要明白,立刻就要升初中了,你得抓紧学习。当然,我也觉得你妈有点严厉。咱们三个一起定个学习计划,重新安排一下时间,怎么样?"

案例中,小蒙妈妈认为自己对女儿体贴入微,照顾周到,而小蒙却不领情,令人伤心。其实,小蒙不是故意与家长为难,而是由家长的教育方式不当造成的。妈妈当然是爱女儿的,但是她对女儿管得太严、太苛刻,剥夺了孩子的自主权。

要想让孩子快乐成长,家长就要尊重孩子的天性,让孩子拥有自由的空间,过分管束孩子,过分催逼孩子,对孩子的身心都十分有害。而对一个禀赋正常的孩子从小进行科学培养,孩子的发展前途是难以估量的。

生活中,总是对孩子提些不切实际的要求,对孩子的言行过分挑剔,最容易引起孩子的逆反与怨恨。在和孩子沟通时,强迫孩子、命令孩子做事情,只是显示了家长的权威,而这种权威无非是年龄的差别,孩子无法在这些事情上跟家长竞争,但孩子的反抗心理却会随着年龄的增长而不断增强。

◆ **不用权威的口吻指责孩子**

很多家长时刻不忘自己的权威,动不动就对孩子破口大骂,似乎只有这样才能表现出作为家长的地位。其实,这种做法和想法都是完全错误的,不仅不能收到好的效果,还可能会引起孩子的逆反心理,使孩子和自己对抗。

妈妈看到女儿小悦练小提琴的姿势不对，就提醒她，谁知小悦很不服气。

可能因为情绪不是很好，妈妈突然来气，数落起小悦来："上课时，老师让大家看什么叫正确姿势，你的眼睛却往别处看；学琴的人那么多，每当外面有人进来，只有你分神扭头去看；说了你多少遍！琴头要抬高，你还是拉不了半分钟就低下去了；很多事情小明能做到，你怎么就不行……"

小悦被妈妈责备也不吭声，依然不紧不慢地练，但她眼里含着委屈的泪水。

和大部分在气头上的家长一样，如果小悦说一句服软的话，妈妈的火气可能就会消了，可小悦不吱声。妈妈觉得那是一种无声的抗议，于是越发烦躁。最后，两人的情绪都很不好。

孩子情绪波动时，愚蠢的父母责备孩子，聪明的父母关爱孩子。孩子经常犯错误，家长的批评指责是必要的，但态度一定要诚恳。倘若大声训斥，甚至拳打脚踢，结果只会收效甚微或适得其反，而孩子也会变得更加不听话。

◆ **给孩子创造自由空间**

要给孩子一定的时间和空间，不要过分看管，更不应实施监控，让孩子有权拥有一定的隐私。家长不必对孩子的所有事情都十分清楚，该让孩子自己做的事就应让其自己去做，该孩子自己管的事就让其自己管。千万不要把给予孩子的时间和空间当作是对孩子的施舍，在这方面和孩子讲条件，会对孩子的心灵造成伤害。

为了自己的孩子学有所成，对孩子实施一定的约束是十分必要的。但要做到管之有方，管之得法，管之有度。管理孩子绝不是越严越好，越苛刻越好，要放与管相宜。正如幼苗需要自由的空气和灿烂的阳光一样，否则，再好的苗子也不能吐露芬芳，再聪明的孩子也不能健康成长。

对待孩子的教育，绝不是简单地让孩子活在家长制订的"强迫"中。家长要想让孩子自觉、主动、乐此不疲地爱上学习，迈向成功，就应该最大限度地尊重和理解孩子，不强求、不强迫孩子做他不愿意做的事。

## "真是气死我了！"
### ——和孩子沟通千万不要带情绪

孩子情绪不稳定时，家长最好冷处理一下，不要太关注孩子的一举一动，不要再问东问西，只要他不来找你，就让他自己慢慢调整；等他情绪好转了，自然也就愿意开口说话了，这时再去跟他慢慢沟通，如此孩子才会愿意跟你说话、才能心平气和地与你沟通。孩子生气，你也跟着生气；孩子发脾气，你也跟着发脾气，不仅不会缓和紧张的氛围，还会让矛盾激化。因此，家长在跟孩子沟通时，千万不要带情绪。

妈妈被老师请到学校，老师反映说：小田最近在学校表现很差，上课捣乱，抄作业。上次月考中，小田居然抄袭同学的答案。

妈妈听到这一切，气得直颤。回到家中，看到小田在电脑前玩游戏，妈妈上前关了电脑，大声地吼道："你是不是考试打小抄了？平时抄作业，考试也抄袭？"

小田看到妈妈怒气冲冲的样子，坚决否认："我没有。"

小田矢口否认，又把妈妈的怒气提升了几分："没抄袭，你骗我有意思吗……"

小田缄默不语，母亲完全失控态，伸手给了小田一个巴掌，吼道："你真是不争气，真是气死我了！"

小田挨了妈妈一个巴掌后，生气地跑开了。

妈妈很不明白，儿子都已经8岁了，为什么就不明白自己的良苦用心呢。

几天后，她和好朋友说起了这件事情，朋友一针见血地指出："之所以造成这种局面，主要就是你们俩在沟通时出了问题。平时在工作中，同事之间进行沟通时，都会心平气和、不带情绪，亲子沟通也是如此。"

妈妈吸取到经验后，决定换一种方式和儿子沟通。有时候，尽管妈妈已经是怒火冲天，但是她总会深吸一口气，努力使自己平和下来，然后再和儿子沟通。

每个人都有逆反心理，不仅是青春期的孩子会有，家长何尝不是如此？比如跟别人发生矛盾，在气头上，在情绪不稳时，即使别人说得再有道理，也不会接受；脾气不好时，还会反驳回去，哪怕自己是在强词夺理，但表面上，却还是很强硬，一点也不愿意服软。

大人们尚有不理智时，何况是小学阶段的孩子？孩子较之于家长，心理更不成熟，情绪更容易产生波动，更加容易受外在环境的影响，所以不要指望在这个时候，孩子还能听进去你的建议和意见，不讲究方法和场合，也许会适得其反。

不管大人还是孩子，都有自己的情感，通过喜怒哀乐来表达自己的情绪体验。有些家长总是试图让孩子听话，如果孩子不按要求去做，就会训斥孩子，甚至打骂孩子。家长情绪化面对孩子，孩子很快就会进入不良情绪状态。

在教育孩子的过程中，家长的情绪对于孩子来说意义重大。妈妈的性格与脾气，还会直接影响孩子的心理发育。越小的孩子越不了解成人，容易将所有的错归咎在自己身上，而且会想："爸爸妈妈不爱我了。"

在与孩子沟通之前，最重要的不是想着要说什么，而是想清楚自己处于一种什么情绪之中。

◆ 确认自己的情绪

很多时候，当我们产生负面情绪时，那种情绪本来没有太大的影响，然而我们如临大敌，为自己有这种情绪而自责，只会将事情变得更加糟糕。

这就好比失眠，本来只是轻度，然而对失眠的担心、对第二天工作的焦虑，最终使轻度失眠变成了重度。所以，家长处理好自身情绪的第一步就是：肯定情绪的客观存在，避免压抑情绪。

在跟孩子沟通的时候，如果发现自己情绪不好，就要立刻走开，先让自己平静下来，然后再解决孩子的问题。

◆ 分析自己的情绪

确认自己的情绪后，家长要问自己一个问题：我为什么会有这种情绪？我为什么生气？我为什么难过？我为什么觉得无助？我为什么……只有找出原因，才能知道自己的反应是否正常，从而找出引发情绪的原因对症下药。

有一次，批改孩子作业的时候，妈妈看到儿子的作业写得乱七八糟，立刻给班主任发微信，要求班主任做好监督。过了很久，班主任回复了一句：知道了。妈妈很生气，表面看是因为孩子的作业问题，但仔细分析之后就会发现，真正气愤的原因在于老师漠不关心的态度。

其实，一个人生气很多时候都是自找的。找到自己情绪不好的原因，就可以避免出现类似的情绪问题，处理孩子的问题时，也就不会感情用事了，更不会被坏情绪左右。

无论孩子在悲伤、孤独、兴奋或快乐时，家长都可以给予孩子的情绪关注、尊重和理解，而不是立刻反对他的情绪。接纳情绪不等于赞同孩子的情绪或看法，而是先接纳，再想办法改变。关注、尊重、理解孩子的情绪方法就是换位思考。